L'EMPIRE.

CORBEIL, IMPRIMERIE DE CRÉTÉ.

L'EMPIRE,

OU DIX ANS

SOUS

NAPOLÉON.

PARIS,
CHARLES ALLARDIN, LIBRAIRE,
57, QUAI DE L'HORLOGE.

1836.

CHAPITRE I.

Le divorce était résolu : Napoléon comprenait sa position. Un jour que le comte Regnauld, à Fontainebleau, traitait avec lui d'affaires importantes, ardues et demandant une attention soutenue, le nouveau César, distrait, préoccupé, allant et venant, jouant avec sa tabatière, son canif, s'arrêta tout à coup, et, s'adressant à son demi-ministre, investi d'ailleurs de sa confiance :

— Mon cher, dit-il, restez-en là; je ne suis pas à ce que vous me dites; je sens que je suis comme le juge de Baugé [1], vous connaissez l'épigramme? Hé bien, cela ne me convient pas; je ne veux décider qu'avec connaissance de cause. Remettons donc à demain la solution à donner à ces paperasses; parlons d'objets plus sérieux... Comte Regnauld, il faut que je me marie.

— Sire, vous êtes marié.

— Pour mon bonheur, oui; pour l'avantage de la France, non. Mon sceptre ne peut passer à des branches collatérales; on contesterait leurs droits, à mes frères, à Murat. Vingt généraux ne reconnaîtraient pas ceux qu'une adoption positive accorderait au prince Eugène; ma fin amènerait la répétition du déchirement de

[1] Huissiers, qu'on fasse silence,
Dit en tenant audience
Un président de Baugé;
C'est un bruit à tête fendre;
Nous avons déjà jugé
Dix causes sans les entendre.....

DURANTON.

l'empire d'Alexandre, cela ne me convient pas. Un fils consolide tout; rallie tout, sa présence éteint les ambitions; il régnera sans qu'aucun réclame : il n'y aura dispute que de fidélité.

— C'est incontestable, Sire; une postérité nombreuse étaie le trône le moins assuré.

— L'Europe parle comme vous; chaque jour elle me fait faire divorce et me remarie. Faire divorce est une chose facile, ma volonté fera la loi. Devant la raison d'État disparaîtront les difficultés religieuses et civiles. Mais en sera-t-il de même pour me remarier? Ici il faut être deux : l'époux qui demande, la femme qui accepte.

— L'empereur est un assez bon parti pour que toutes les mères de nobles familles s'empressent de lui offrir leur fille.

— Vous êtes dans l'erreur; il n'y a pour moi que deux alliances : l'une m'est offerte déjà, et, dans l'autre, la mère oppose une résistance fâcheuse.... J'étais à Vienne, à Schœnbrunn; le prince de L.... vint me rendre ses hommages;

c'est un homme de sens, un homme mûr, profond, sans éclat, il est probe. Il aime ses princes et il me dit que la victoire m'avait mis au dessus des monarques; que certainement je commandais à l'Europe, et néanmoins que cette puissance était fragile, car je n'avais pas d'héritier. — « Prince, repartis-je, mon mariage peut être rompu, mais où trouver une femme assez haut placée?

— « Sire, Pompée, en frappant du pied la terre, pouvait en faire sortir des légions. Un seul mot de Votre Majesté amènera des fiancées.

— « Ce sont des paroles, prince... Avez-vous des propositions à me faire?

— « Je sais qu'on ne se refusera ici à aucune demande de l'empereur. »

En ce moment, comte Regnauld, poursuivit l'empereur, je me trouvai en face du beau portrait de l'archiduchesse Marie-Louise, qui orne le grand salon de Schœnbrunn; j'y portai mes yeux. Je trouvai dans ses traits tant de grace, de douceur, de modestie.... Je ne dis plus rien au prince. La paix fut conclue; j'en dictai les conditions moins dures que je ne l'aurais fait avant cette scène. Je rentrai dans Paris. Un de mes ministres, cet éternel tripotier que je ne désespère pas de rencontrer en négociation ouverte avec l'apôtre saint Paul, si ce n'est avec la Trinité, persuadé que la France a besoin de mes noces, avait travaillé là bas...... au fond du Nord... (et chaque parole sortait péniblement de la bouche de Napoléon).... Hé bien ! un refus..... oui, un refus.... à moi.... à moi!... J'en ai douté; j'ai voulu avoir une explication franche avec le czar; il m'a rapondu en belles protestations d'amitié dans une lettre si verbeuse, que je n'ai pu y voir qu'un acquiescement à l'insolente volonté de sa mère, bien qu'il eût regret de ne pas être en meusre de remplacer sa sœur par sa fille. Je n'ai pas été dupe de ses tendresses; je l'ai dit sincèrement. Alors Kourakin a fait le gros dos; j'ai mal interprété, selon lui, les phrases d'Alexandre; on avoue sans doute les répugnances maternelles, mais on n'y accède pas, et, si je veux laisser à ma femme le libre exercice de son culte, il n'y aura plus d'empêchement à notre hymen.

— Dès lors, Sire, répondit le comte, voilà un mariage très-sortable.

— Ou plutôt un piége. L'empereur, en prenant une princesse de mon sang, ne la contraindrait-il pas à se faire catholique grecque! Ma couronne vaut-elle donc moins que la sienne! Peu m'importe, au fond, à quel culte appartienne ma fiancée; mais la majesté de l'empire exige que ma femme soit catholique; autrement ce serait porter préjudice à la dignité de ma couronne. On sait cela en Russie et on a enveloppé d'un scrupule religieux un refus évident. Il faut pourtant couper le nœud gordien; demain, un conseil privé s'assemble. Vous y viendrez; j'espère qu'instruit de la matière à discuter, vous la traiterez convenablement.

Plusieurs conseils eurent lieu à la même époque et pour le même motif. Les détails que je communique au lecteur me viennent de bonne source. Trois des membres présens à cette séance mémorable me les fournirent en 1814. Les voici :

L'archichancelier, les princes de Neufchatel et de Bénévent, les ducs de Bassano, de Cadore et le comte Regnauld, formèrent ce conseil.

Napoléon le présidait, se montrant ensemble rapporteur, instructeur, directeur et juge suprême.

— Dans les circonstances, dit-il, où je suis embarrassé, c'est à vous, Messieurs, que j'ai recours, persuadé que je suis de la supériorité de vos lumières et de votre attachement à ma personne. Vous avez été réunis dans des circonstances graves; rien n'est plus digne de fixer votre attention que l'objet qui vous sera soumis : il s'agit de moi, de l'empire, de mes peuples, de vous, de notre avenir commun; c'est un point capital : le besoin d'un autre mariage. Je n'ai pas d'enfans; des adoptions remédient mal à cette infortune; je veux consolider mes institutions, assurer à la France la suprématie qu'elle a conquise. Pensez-vous, Messieurs, que j'y parvienne en contractant une nouvelle alliance, en la recherchant avec une maison étrangère? de quel œil sera-t-elle vue, appréciée par la nation? quels en seront les résultats probables, les avantages, les inconvéniens?

Bien que ces grands personnages s'attendissent à une communication importante, tous ne pensaient pas que celle-ci leur serait soumise aussi brusquement. Plusieurs auraient voulu être dispensés de parler, de faire connaître leurs sentimens; ce n'était plus possible; le maître s'était prononcé, il fallait s'exécuter après lui. Le discours de l'archichancelier est connu, je le rapporte néanmoins, afin de compléter l'ensemble de cette séance dont les moindres particularités sont du domaine de l'histoire.

« Sire, l'attachement que je porte à Votre Majesté, et la reconnaissance des bontés dont elle me comble journellement, doivent m'imposer l'obligation de m'exprimer avec franchise. La matière, comme vous l'avez dit, est des plus graves; je vois de grands obstacles soit au divorce, soit au mariage qui doit le suivre. Votre union actuelle a eu la sanction de la loi civile et la bénédiction religieuse; l'impératrice est sacrée; quinze ans l'ont confirmée dans sa possession d'épouse légitime; aucune incompatibilité d'humeur n'existe entre vous; sa conduite est irréprochable; elle vous est chère. A quel titre demanderez-vous le divorce ? L'impératrice y donnera-t-elle son consentement ? faudra-t-il recourir à la force, à la raison d'État ?... Le nombre des difficultés m'effraie ; elles viendront de toutes parts. Le cabinet de Londres les multipliera par ses intrigues. Où prendrez-vous une femme ? la politique bien entendue vous interdit une alliance avec une famille protestante; cent raisons s'opposent à un choix qui d'ailleurs ne pourrait regarder qu'une princesse de haut rang. Il n'y en a point en Prusse, en Danemark, en Suède; et, hors de notre communion, je ne vois à votre convenance qu'une sœur de l'empereur du Nord : êtes-vous certain qu'on vous la donnera ?... Vous trouveriez, parmi les princesses de la branche de Bourbon, régnant encore en Sicile, une femme; celle-ci, issue du sang de nos rois déchus, vous rallierait les familles en qui les souvenirs ont tant de puissance; mais qui répond que vous l'obtiendrez ? On vous demanderait des concessions impossibles. Les Anglais, souverains en cette île, s'y opposeraient avec succès; ils enlèveraient plutôt la princesse que de la laisser tomber en vos mains; un obstacle pareil se présente partout où les Bourbons règnent. Ils ont disparu de l'Europe; vous ne pouvez, ni ne devez leur demander une mère pour vos fils à venir. Irez-vous chercher une femme parmi ces petits princes d'Allemagne, qui sont vos sujets par leur accession au protectorat du Rhin? Je ne vois de convenable pour vous qu'une archiduchesse d'Autriche; mais qui sait si son père acceptera vos propositions? Faudra-t-il reprendre les armes pour arriver à cet hymen? D'ailleurs, le préjugé parmi nous repousse cette alliance. Le souvenir de la malheureuse Marie-Antoinette nous effraie encore; sa nièce, que sera-t-elle dans Paris, où tant de tristes souvenirs?... Si, pour la conduire dans votre lit, une autre guerre devient nécessaire, quel nom y donnerez-vous? Considérez qu'une femme acquise au prix du sang français aura fort à faire pour devenir chère à la France!

« Sire, vous êtes dans une position à tout envisager sous un point de vue à part. Ne vous embarrassez pas du nom que portera votre future; ne vous flattez aucunement qu'elle vous prêtera du secours en cas de besoin; les liens du sang ne sont point respectés : votre beau-père vous combattra pour son avantage personnel, ainsi qu'on a vu Louis XIV prêt à renverser du trône le petit-fils que lui seul y avait placé. Dans ce cas, deux routes sont à suivre; la première serait de rester comme vous êtes, de reconnaître au titre de vos héritiers directs les enfans de sa majesté le roi de Hollande; ils sont de votre sang, de celui de l'impératrice, ils vous appartiennent presque; en les adoptant vous ne brisez aucun cœur, ne faites couler aucune larme, n'éprouvez aucun regret. Si toutefois vous ne pouvez vaincre le désir de revivre dans votre postérité, prenez une femme dans votre propre maison, il y en a : je ne les indique point, vous les connaissez mieux que moi. Celles-là vous rendraient plus heureux que des étrangères. Voyez, Sire, ce que l'alliance de l'Autriche a valu à votre prédécesseur. »

Bien que l'empereur connût déjà l'opinion de Cambacérès et son éloignement pour une alliance autrichienne, il n'avait pu présumer qu'il l'énoncerait avec si peu de mesure; aussi, pour la première fois peut-être, se trouva-t-il choqué, irrité même de l'avis excellent de ce sage homme d'État. Ses lèvres se contractèrent; mais, comme il voulait se contenir, il se fit violence, et, voyant que l'archichancelier avait terminé, il fit signe au prince de Neuchâtel de prendre la parole.

Celui-ci, de son côté, avait, selon son habitude constante, rongé ses ongles et retourné ses gants sens dessus dessous. Haletant d'inquiétude, il débuta par protester de son dévoûment, de son zèle; ce dont assurément personne ne doutait, et dont Napoléon n'avait que faire; puis, abordant la question, il se prononça pour de secondes noces; on put le deviner au milieu du verbiage dans lequel il noya son opinion, mais il laissa en même temps comprendre qu'il préfèrerait une alliance russe.

Le comte Regnauld, qu'une distraction du maître appela en troisième, parla ainsi :

« La haute pensée de l'empereur le confond avec la France; s'il n'était question que de lui, il continuerait à jouir du bonheur qu'il goûte depuis quinze ans, mais l'empire veut des gages de stabilité, de sécurité. Ces gages, où sont-ils? dans les rejetons d'un hymen plus fertile. Il y a nécessité, pour que la France soit grande, heureuse, souveraine, qu'une longue suite d'héritiers du lit impérial enlève tout prétexte à des ambitions collatérales; c'est le point essentiel. Un nouvel hymen peut seul amener ce résultat. Il doit avoir lieu; mais lorsque l'empereur fait céder ses affections à l'exigence de ses devoirs, où cherchera-t-il une princesse qui puisse le dédommager de tant de grands sacrifices, rallier sans retour les partis divers au trône impérial? J'écarte la foule des familles princières; je ne m'arrête même pas à la noble maison de Saxe; je ne vois que deux princesses en Europe, une à Pétersbourg, l'autre à Vienne. La différence de religion est à l'égard de l'une un inconvénient réel; de l'autre côté, sont tous les avantages de la grandeur, de la position royale, une ascendance majestueuse d'empereurs et de rois, d'anciens rapports; déjà quatre princesses de cette auguste maison et même cinq, en comptant la reine, épouse de Charles IX, ont accoutumé les Français à une alliance avec l'Autriche

François Ier, unie à Éléonore ; Anne, à Louis XIII ; Marie, à Louis XIV, Antoinette, à Louis XVI. Un tel choix flattera la vanité nationale ; les vertus de la princesse feront le bonheur du souverain ; par là, finiront les cabales étrangères, les vieilles espérances, les jeunes ambitions ; on comblera l'abîme révolutionnaire, et une longue suite de princes consolidera dans la postérité le trône qui compte déjà dix ans d'ancienneté et qui n'aura pas de fin. »

Ce discours convenait trop à Napoléon pour qu'il ne le fît pas connaître. Ses traits prirent une telle expression de contentement, que le duc de Bassano, répétant les mêmes raisons, conclut de la même manière. Le duc de Cadore fit absolument comme lui, et le prince de Bénévent, qui déjà cabalait dans le but d'amener la Russie à une coalition nouvelle, appuya le mariage avec l'archiduchesse, bien certain que le cabinet de Saint-Pétersbourg le verrait s'accomplir avec inquiétude et jalousie, sans que Napoléon y trouvât aucun des avantages qu'il en espérait.

L'empereur, charmé que son avis secret prévalût et se manifestât avec une majorité aussi imposante, rompit la séance sans rien conclure, afin de demeurer maître des événemens, quoiqu'il se vît appuyé sur d'aussi graves témoignages, dont il se faisait une sorte de garantie pour l'avenir.

Dans le palais des Tuileries, régnait une profonde tristesse, surtout dans l'appartement de l'impératrice; on y soupçonnait ce qui se tramait, sans en avoir aucune certitude...... Midi venait de sonner; une des femmes attachées au service particulier de Joséphine entra dans le cabinet particulier de sa majesté, par la porte de l'intérieur, et lui remit la lettre suivante; ce fut du moins un bruit qui circula dans le salon d'honneur où, je dois en convenir, nous étions quelquefois un tant soit peu *gobe-mouches*.

« Tu as des craintes, tu brûles de savoir la « vérité; je peux te la dire. Te sens-tu la force « de l'entendre?...

« Quant à ce qui peut me servir de lettre de « créance, je t'apprendrai que ta mère, peu « avant de mourir, t'écrivit un billet qu'elle

« n'acheva pas. Dans la dernière phrase elle « disait : *Dieu vous a élevée si haut, ma chère « fille, que votre reconnaissance en lui doit être « extrême; si vous y manquez, je....*

« Sa main s'est arrêtée, elle voulait ajouter : « *Je viendrai vous le rappeler, et sa bonté m'en « accordera la permission......* Maintenant, ne « vois-tu pas, chaque nuit du premier vendredi « du mois, un objet singulier, soit en rêve, soit « en veille, objet incompréhensible ? c'est ta « mère... Songes-y bien ; j'attends, mais j'atten« drai moins d'une heure ; ce temps passé, je « retourne d'où je viens, et tu ne me reverras « plus. « Adieu. »

Joséphine, partagée entre le dépit, la honte, la colère, et cette superstition plus commune aux cœurs affligés, qu'à ceux en possession d'une fortune pleinement heureuse, hésita sur ce qu'elle devait faire. Les réponses à ses questions lui apprirent que la femme de chambre, traversant le jardin des Tuileries, avait été accostée par un homme jeune encore, qui, d'une voix émue, lui avait dit :

— « Je sais que vous servez l'impératrice avec affection; remettez-lui ceci : elle y trouvera des indices sur ce qui l'occupe. Je peux seul lui signaler ce dont on la menace; si elle se refuse à me voir, elle s'en repentira. »

— Hé bien! qu'il vienne, s'écria Joséphine; allez le chercher tout de suite. En vérité, dans l'horrible situation où je me trouve, je serais folle, si je me refusais à voir celui qui déjà me présente une lumière si étrange.

La femme de chambre s'éloigna; Joséphine, demeurée seule, se mit à réfléchir. Il était vrai que, depuis la mort de sa mère, une apparition bizarre s'offrait à elle, pendant la nuit qui suivait chaque premier vendredi du mois. Jusqu'alors, dans la crainte de passer pour faible, elle en avait fait mystère; la découverte qui lui en était faite contrastait singulièrement avec la forme même de cette révélation; quant à l'incident du billet de sa mère, c'était encore une particularité au moins étonnante. Joséphine espéra en obtenir la solution dans son entrevue avec le personnage mystérieux.

Au temps où Marie-Louise régna aux Tuileries, aucun homme n'eût été admis librement et à la fois en secret dans l'appartement de sa majesté : l'empereur jouissait seul du privilége de tête à tête; mais, lorsque Joséphine était la souveraine de ce palais néfaste, elle y avait apporté l'aisance de la familiarité de la vie privée ; elle admettait qui bon lui semblait à son intimité, quoique son époux en grondât. Elle, forte de son innocence, n'appelant que des artistes, des gens de lettres, des personnages remarquables, elle s'inquiétait peu des causeries de ses gens ; il lui fut donc aisé, dans cette circonstance, de satisfaire son envie curieuse et de faire venir auprès d'elle l'homme adroit qui, par les seules formes de son style, parlait déjà si haut à son imagination.

Il vint. Il paraissait âgé d'environ trente ans; ses traits étaient gracieux et doux, sa physionomie vive et spirituelle; ses yeux petits resplendissaient d'un feu railleur ; sa bouche était moqueuse, sa taille bien prise ne dépassait pas cinq pieds, quatre pouces ; il avait le teint pâle, les cheveux châtains ; ses vêtemens, coupés avec goût, ne manquaient pas de richesse. Habillé comme s'il eût dû paraître le soir à un cercle, il portait l'épée, les manchettes, les boucles, le chapeau à plumet noir; tout en lui annonçait au moins la haute naissance, l'usage du monde et l'habitude d'y tenir un rang. Il salua avec aisance, avec respect; et, dans une immobilité d'étiquette en plein contraste avec le tutoiement mystique de son passe-port, il attendit que sa majesté l'interrogeât.

Joséphine, par un renversement de rôle, se sentit embarrassée; elle eût voulu dominer, elle était dominée. Cet étranger paraissait si à son aise, il avait tant de calme et de sérénité dans le regard, qu'il était facile de comprendre qu'on ne le subjuguerait pas sans peine; lorsque la conviction de la supériorité d'autrui s'empare de nous, il est rare, en effet, que ce ne soit pas aux dépens de la nôtre.

Cette situation devenait par trop gênante; Joséphine le sentit, et voulut la faire finir.

— Monsieur, dit-elle, vous avez souhaité me parler?

— J'ai désiré rendre service à l'impératrice et reine.

Joséphine soupira..... — Soit, ne jouons pas sur les mots. D'abord, qui êtes-vous? ensuite, que savez-vous?

— Qui je suis, Madame? en vérité, je ne saurais comment répondre à une telle question. Votre Majesté voudrait-elle connaître ma naissance, mon rang, mon nom, ce que je fus, ce que je suis? tout cela demanderait un temps qui ne me serait pas accordé; ma vie a épuisé la curiosité humaine; j'ai tant vu, tant vu!... J'étais à la Martinique le jour de votre naissance, ou, pour mieux dire, le jour où l'on vous approcha des saintes eaux; mes yeux, dont la portée est meilleure que celle du commun des hommes, virent sur ce jeune front cette double couronne qui aujourd'hui le pare. J'inspirai une vieille folle : vous n'avez pas oublié sa prédiction. Lorsque vous étiez prisonnière, je veillais sur vous. Avez-vous oublié une couronne de roses, de laurier et d'immortelle, qu'un matin, à votre réveil, vous vîtes sur le pied de votre lit?

— Oh! s'écria Joséphine ; quoi! c'est vous, Monsieur, qui me causâtes cette surprise ; elle me consola, elle ouvrit mon cœur à l'espérance...Mais vous êtes bien jeune; quel âge aviez-vous alors?

— Je parais avoir trente ans, répondit l'inconnu avec simplicité.

— En effet, tel paraît être votre âge, et pourtant si, à la Martinique... Elle sourit avec grace. Décidément, poursuivit-elle, vous devez être beaucoup plus vieux que vous ne le semblez ; mais, puisqu'il ne vous convient pas de vous faire mieux connaître, que vous plaît-il de m'apprendre?

— Votre malheur, Madame.

Joséphine tressaillit.

— Des menées infernales ont trop bien réussi : on a persuadé l'empereur qu'il doit laisser le sceptre à sa race directe....

Il s'arrêta et l'impératrice consternée : — Achevez, Monsieur.

— L'empereur a résolu le divorce et un nouvel hymen.

— Non ! non ! c'est impossible; je suis trop sûre de son amour; d'ailleurs, je suis son étoile.

— Jamais vérité ne fut plus certaine; oui, Majesté, vous étiez son astre tutélaire, son guide assuré, son talisman contre la tempête : à votre double destinée s'attachait le sort de la France. Il rompt cette chaîne mystérieuse : dès lors, entraîné dans l'espace, sa chute sera prompte; et il croit tout consolider en se séparant de vous !

— Aura-t-il des enfans mâles pour recueillir son riche héritage ? demanda Joséphine avec une bonté parfaite.

— Oui, un fils, mais un fils qui perdra jusqu'au nom de son père, qui ne recueillera pas même la grandeur de ce beau nom, car il ne le portera jamais. Tâchez de retenir Napoléon : s'il vous échappe, il est perdu.

L'étranger ayant ainsi parlé fit les trois saluts d'usage et se retira, sans que Joséphine, d'ailleurs si généreuse, fît un mouvement pour le retenir et le remercier. Dès qu'elle se vit seule, elle s'abandonna aux larmes ; puis, se reprocha d'avoir souffert que cet homme extraordinaire la quittât, lorsqu'elle avait encore tant de choses à lui demander.

Peu de minutes après, et avec des formes plus solennelles que de coutume, madame la comtesse de La Rochefoucauld entra chez l'impératrice et lui annonça que le ministre de la police sollicitait une audience. Au nom sinistre de Fouché, l'impératrice frissonna, et, rapprochant cette visite de l'espèce d'apparition qu'elle venait d'avoir, d'étranges idées remplirent sa tête. Son premier mouvement fut un refus ; mais, craignant, ce qui était vrai, que le duc d'Otrante ne fût le messager de l'empereur, elle retira sa parole négative et dit à la dame d'honneur qu'il pouvait entrer.

Vous avez vu Fouché ; je ne chercherai pas à vous le faire connaître plus que je ne l'ai déjà fait. Personne ne peut avoir oublié cette figure molle, froide, indolente, ces petits yeux inertes et si poignans à la dérobée, cette coiffure poudrée à frimas, et trahissant si bien l'ex-oratorien, ce calme si général, qu'on aurait pu prendre pour l'image de l'ame, si le pélerin n'eût été si profondément dépisté, chaque fois que je me suis rencontré avec lui. Il produisait sur moi l'effet d'un portrait de famille sorti de son cadre par un caprice magique, et assistant immobile à la conversation d'hommes d'une autre génération.

Le duc d'Otrante n'avait jamais salué l'impératrice avec autant d'humilité; jamais il ne s'était montré plus soumis, plus dévoué à sa majesté. Il en exalta la bonté, la grace, les vertus, fit sonner haut combien l'empereur était heureux; et, au milieu de ce concert qui avait presque relevé le courage de cette malheureuse femme:

— Hélas! Madame, dit-il, pourquoi avez-vous tant de constance? pourquoi renoncez-vous aussi volontairement à ce pouvoir dont vous tempérez le poids et à cette cour que vous ornez de vos charmes et de vos qualités brillantes.

— Je ne renonce à rien, dit l'impératrice, à rien.... et prenez-en acte, Monsieur... du moins volontairement, ajouta-t-elle.

— J'avais cru entendre ...... on m'avait dit.... Je me suis trompé.

— En quoi, Monsieur, s'il vous plaît? expliquez-vous. Où tendent ces réticences?

— Des gens admis dans l'intimité de l'impératrice m'ont rapporté que, comprenant le besoin que l'empereur avait d'héritiers naturels, elle s'était déterminée à demander le divorce; ce bruit est répandu dans tout Paris, il a même reçu la sanction publique par l'admiration et l'enthousiasme douloureux qu'il inspire.

— Arrêtez-vous, duc d'Otrante, dit sa majesté noblement. Est-ce l'empereur qui vous a chargé de me porter le coup de la mort, ou est-ce votre astuce ordinaire qui agit? Maintenant, parlez franchement une fois en votre vie: oui, dites-moi vrai, si la vérité ne vous fait pas trop souffrir.

— Interpellé si cruellement par Votre Majesté, en récompense de mon zèle, je dois avouer que j'agis sans aucune mission de la part de l'empereur; mais je connais son cœur, l'amour qu'il a pour vous et ce que lui coûtera la nécessité de vous ésespérer.

— Hé bien, Monsieur, je souffrirai de lui par affection, par attachement, ce qui me serait insupportable dans votre bouche. Je vous prie de vous retirer.

Le duc, feignant d'être foudroyé de cette colère, mais au fond enchanté d'être parvenu à rompre la glace, sans compromettre son auguste mandataire, partit et alla rendre compte, sans doute, du succès malencontreux de sa mission.

Joséphine, à la suite de tant d'horribles coups frappés ainsi sur elle, ne put plus dévorer sa douleur; elle se promit d'avoir le même soir une explication avec Napoléon; et, comme ils dînaient ce jour-là en tête à tête, elle voulut profiter d'une occasion qui devenait rare de plus en plus; car la princesse Borghèse, la reine Hortense ou madame-mère, venaient sans cesse, depuis le retour de Fontainebleau, s'asseoir à la table impériale.

Dans cette partie de mon récit, je m'aiderai sans scrupule de la narration du comte de Beausset que vous avez connu et qui est mort de gras fondu, et à la peine de n'avoir à diriger d'autre table que la sienne. Dieu l'avait mis au monde pour être maître-d'hôtel royal. Il fallait, pour l'apprécier, le regarder fonctionnant aux Tuileries : quelle vivacité, quel aplomb! Rapide, audacieux, prudent, réservé, commandant le service par sentiment; dans les cas difficiles, un plat en retard ou manqué, il trouvait dans son génie des inspirations qui lui sauvaient l'affront d'une symétrie en défaut.

Dans je ne sais plus quelle circonstance, je l'ai entendu s'écrier, en parodiant le fameux Marcel, et certes, chez lui, c'était création et et non copie : « *Ah! Monsieur, que de choses dans un menu!* » Oui, l'ordonnance d'un dîner d'apparat serait effrayante, si on savait tout ce qu'il faut y mettre de soin, d'étude, de combinaisons réfléchies. Le public, léger et inattentif, mange ou boit, et n'aperçoit pas ce qu'il a fallu pour arriver à ce résultat brillant et satisfaisant.

M. de Beausset, très-bon gentilhomme, était naïf au plus haut point; il a imprimé tout du long, comme preuve de la légitimité impériale, que si Napoléon n'eût pas été de bon aloi l'empereur des Français, lui, naturellement, n'aurait été que le maître-d'hôtel d'un parvenu. Et, ajoute-t-il, c'est chose de trop mauvais goût pour qu'on la soutienne. Donc, puisque je n'étais pas simple officier de bourgeoisie, mais honoré d'un service de palais, mon patron était lui, empereur légitime ; ce raisonnement posé, son orgueil s'endort en paix avec soi-même, et bon soir la compagnie.

Or, M. de Beausset a écrit quatre volumes ; ou, pour mieux dire, a compilé de quoi remplir quatre volumes de mémoires curieux, de documens peu connus, de lettres prises çà et là, et de quelques anecdotes culinaires ou de palais impérial, qui ont plu par la bonhomie, la franchise, la simplicité de la diction. Je vais extraire de son tome premier ce qui corroborera mon récit, et j'y ajouterai ce qu'il n'a pas su et ce qui m'est revenu par sa majesté l'impératrice elle-même. De ces parcelles réunies, je formerai un tout complet.

« J'étais de service aux Tuileries depuis le lundi 27 novembre 1809. Ce jour-là, le mardi et le mercredi suivant, il me fut facile de remarquer une grande altération dans les traits de l'impératrice, et une silencieuse contrainte dans Napoléon. Si, pendant le dîner, il rompait le silence, c'était pour me faire quelques brèves questions dont il n'écoutait pas la réponse. Ce jour-là le dîner ne dura pas plus de dix minutes; l'orage éclata le jeudi 30.

« Leurs majestés se mirent à table. Joséphine portait un grand chapeau blanc, noué sous le menton et qui cachait une partie de son visage; je crus m'apercevoir qu'elle avait versé des pleurs et qu'elle les retenait avec peine. Elle me présenta l'image de la douleur et du désespoir. Le silence le plus profond dura pendant ce dîner; ils ne touchèrent que pour la forme aux mêts qui leur furent présentés; les seuls mots que l'on prononça sortirent de la bouche de Napoléon et il me les adressa. « *Quel temps fait-il?* » Aussitôt qu'il les eut dits, il se leva de table ; Joséphine le suivit lentement. Le café fut présenté et Napoléon prit lui-même la tasse que tendait le page de service, en faisant signe qu'il voulait être seul. Je sortis vite, mais bien inquiet, tourmenté et livré à mes tristes pensées ; je m'assis dans le salon de service, qui d'ordinaire servait de salle à manger pour leurs majestés, sur un fauteuil à côté du salon de l'empereur ; j'observais machinalement les employés qui enlevaient les objets qui avaient servi au dîner de leurs majestés, lorsque tout à coup j'entendis partir du salon de l'empereur des cris violens poussés par l'impératrice Joséphine. L'huissier de la chambre, pensant qu'elle se trouvait mal, fut au moment d'ouvrir la porte ; je l'en empêchai en lui faisant observer que l'empereur appellerait du secours s'il le jugeait convenable. J'étais debout près de la porte lorsque l'empereur l'ouvrit, et, m'apercevant, me dit vivement : *Entrez, Beausset, et fermez la porte.*

« J'entre dans le salon et j'aperçois l'impératrice étendue sur le tapis et poussant des cris et des plaintes déchirantes. « *Non, je n'y survivrais point,* » disait l'infortunée. Napoléon me dit : « *Êtes-vous assez fort pour enlever Joséphine et la porter chez elle par l'escalier intérieur qui communique à son appartement afin de lui faire donner les soins et les secours que son état exige ?*

« J'obéis et je soulevai cette princesse que je croyais atteinte d'une violente attaque de nerfs. Avec l'aide de Napoléon, je la pris dans mes bras, et lui-même, prenant un flambeau, m'éclaira et m'ouvrit la porte du salon qui, par un couloir obscur, conduisait au petit escalier dont il m'avait parlé. Parvenu à la première marche de cet escalier, je fis observer à Napoléon qu'il était trop étroit pour qu'il me fût possible de descendre sans danger de tomber.

« Il appela tout de suite le gardien du portefeuille placé jour et nuit à une des portes de son cabinet qui avait son entrée sur le palier de ce petit escalier ; Napoléon lui remit le flambeau dont nous avions peu de besoin, puisque ces passages étaient déjà éclairés ; il ordonna à ce gardien de passer devant, prit lui-même les deux jambes de Joséphine pour m'aider à descendre moi-même avec plus de ménagement; mais je vis le moment où, embarrassé par mon épée, nous allions tous tomber; heureusement nous descendîmes sans accident et déposâmes ce précieux fardeau sur une ottomane de la chambre à coucher.

« L'empereur se porta aussitôt au cordon des sonnettes et fit venir les femmes de l'impératrice. Lorsque dans le salon d'en haut j'enlevai celle-ci, elle cessa de se plaindre : je crus qu'elle se trouvait mal; mais dans le moment où je m'embarrassai dans mon épée, au milieu du petit escalier dont j'ai parlé, je fus obligé de la lever davantage pour éviter une chute qui eût été funeste aux acteurs de cette douloureuse scène, parce que nos positions n'étaient pas la suite d'arrangement calculé à loisir. Je tenais l'impératrice dans mes bras qui entouraient sa taille; son dos était appuyé sur ma poitrine et sa tête était penchée sur mon épaule droite. Lorsqu'elle sentit les efforts que je faisais pour m'empêcher de tomber, elle me dit tout bas : *Vous me serrez trop fort.* Je vis alors que je n'avais rien à craindre pour sa santé, et qu'elle n'avait pas perdu connaissance un seul instant.

« Pendant toute cette scène, je n'avais été occupé que de Joséphine, dont l'état m'affligeait; je n'avais pu observer Napoléon ; mais, lorsque les femmes de l'impératrice furent auprès d'elle, Napoléon passa dans un petit salon qui précédait la chambre à coucher. Je le suivis : son agitation, son inquiétude étaient extrêmes ; dans le trouble qu'il éprouvait, il m'apprit la cause de tout ce qui venait de se passer ; il me dit ces mots :

—« L'intérêt de la France et de ma dynastie a fait violence à mon cœur... Le divorce est devenu un devoir rigoureux pour moi... Je suis d'autant plus affligé de la scène que vient de faire Joséphine, que, depuis trois jours, elle a dû savoir par Hortense la malheureuse obligation qui me condamne à me séparer d'elle... Je la plains de toute mon ame..... Je lui croyais plus de caractère... je n'étais pas préparé aux éclats de sa douleur...

« En effet, l'émotion qu'il éprouvait le forçait de mettre entre chaque phrase qu'il prononçait un long intervalle pour respirer. Les mots s'échappaient avec peine et sans suite; sa voix était émue, oppressée, et des larmes mouillaient ses yeux... Il fallait réellement qu'il fût hors de lui pour me donner tant de détails, à moi, placé si loin de ses conseils et de sa confiance..... Toute cette scène ne dura pas plus de sept à huit minutes.

« Napoléon envoya tout de suite chercher Corvisart, la reine Hortense, Cambacérès, Fouché, et, avant de remonter dans son appartement, il alla lui-même s'assurer de l'état de Joséphine qu'il trouva plus calme et plus résignée.

« Je le suivis quand il remonta chez lui, et je rentrai dans le salon de service, après avoir repris mon chapeau que j'avais jeté sur le tapis afin d'avoir les mouvemens plus libres. Pour éviter toute espèce de commentaires, je dis devant les pages et les huissiers que l'impératrice avait eu une attaque de nerfs des plus violentes. C'est ainsi que, par hasard et par une suite naturelle des fonctions de ma place, je me trouvai initié dès le premier moment à une communication si grave et si importante. »

CHAPITRE II.

Voici maintenant la scène qui avait précédé, dans le salon, celle dont on vient de lire les détails.

Dès que l'empereur et l'impératrice eurent achevé leur triste et rapide repas, tous les deux passèrent dans le salon. Aussitôt qu'ils y furent entrés, Joséphine, que la douleur suffoquait, prenant les mains de Napoléon :

— Mon ami, dit-elle, que dois-je croire des folies qu'on débite? est-il donc vrai que tu te sépares de moi? c'est impossible, Bonaparte; tu le sais bien. Oui, c'est impossible; notre union a été si douce! je t'ai rendu heureux, n'est-ce pas? tout cela n'a-t-il plus de prix pour toi? Aurais-tu cessé de m'aimer?...Quoi! tout à coup, et sans préparation, et sans cause surtout......... Non, non, tu ne m'abandonneras pas!...

— Ma chère Joséphine, répondit l'empereur dont les yeux se remplirent de larmes, tandis qu'il pressait tendrement sa femme sur son sein, tu as raison, je t'ai dû repos, bonheur, estime des peuples, ma félicité; mais un grand, un cruel devoir nous reste à remplir : l'empire demande le seul bien que ton amour n'a pu me donner; un fils, ma Joséphine, un fils qui continue son père.

— Mais il ne peut naître de moi, tu le sais..... c'est donc une autre femme.....?

— Voilà ce qui me tue, je voudrais te tout devoir.

— Et tu me quittes?

— Une nécessité insurmontable.... La France l'exige; les rois m'en conjurent. Immolons-nous tous deux pour le bonheur du monde.

— Tu me quittes, Bonaparte; je ne vois que cela. Toi, qui abhorrais le divorce; toi, qui m'as empêchée de voir mes amies parce qu'elles étaient divorcées, tu vas faire comme elles. Y songes-tu?

— Joséphine, la France me demande un fils.

— N'en as-tu pas dans tes neveux, dans mon Eugène? quel autre aura plus de vertu, plus de valeur et te rendra plus cher aux peuples?...

Cette conversation, entamée si chaudement, prit bientôt le ton de l'exaspération; et Joséphine, ayant perdu la tête, se mit à pousser des cris, à tomber dans des convulsions qui effrayèrent l'empereur et le portèrent à appeler le premier venu pour accourir à son aide. La fortune de M. Beausset lui procura cette faveur. Bonaparte croyait, lui dit-il, que Joséphine devait être préparée par les révélations de la reine de Hollande; il était dans l'erreur. Il avait bien chargé sa belle-sœur de cette triste commission, mais Hortense, peu empressée de communiquer à sa mère une pareille nouvelle, avait voulu attendre l'arrivée du prince Eugène que l'on attendait, et dont elle avait provoqué le retour par la lettre suivante :

« Bon Eugène, accours au plus vite ; la foudre « tombe sur notre bonheur. Nos ennemis l'em- « portent : leur intrigue a réussi en partie. L'em- « pereur est revenu de Vienne tout autre qu'il « était parti de Paris. Il avait fixé le jour de son « arrivée à Fontainebleau : il y tombe la veille « comme une bombe inattendue; et, quand notre « pauvre mère accourait, heureuse, parée, char- « mante, pour l'embrasser, le complimenter sur « sa glorieuse campagne, il la repousse, la me- « nace, laisse échapper des paroles sinistres, « enfin déchire le voile ; et c'est à moi qu'il s'est « adressé, pour faire connaître à notre mère le « sort qui lui est réservé ; il faut que ce soit moi « qui lui apprenne qu'elle a cessé de régner. « Elle doit sortir du lit conjugal, quitter le trône « pour aller en exil à Toulouse, à Montpellier, à

« Nîmes même. Il parlait d'abord de l'envoyer « près de toi à Milan, ou, plus loin, tenir une « cour à Venise. L'éloigner de Paris, c'eût été « lui donner la mort. J'ai demandé, supplié ; « nous obtiendrons l'Élysée et la Malmaison « avec le château de Navarre.

« Viens, mon frère ; tu as tant mérité, que tu « as le droit de défendre notre mère, de parler « pour nous, de tromper la joie de ces femmes « qui s'applaudissent de notre douleur. Ne perds « pas de temps ; les minutes sont des jours. La « malignité est infatigable et le prétexte de la « raison d'État rattache tous nos prétendus amis « à ce mariage qui, disent-ils, sera fertile ; s'il n'en « advient pas d'enfans, on recommencera donc? « Tu parleras, tu défendras ta mère, et tu regar- « deras ton épée : on en sait le prix.

« Adieu, viens vite, vite, vite. Que n'es-tu « déjà ici ! »

Le vice-roi d'Italie apprit ainsi officiellement la sinistre nouvelle dont il avait déjà été informé, mais comme d'un bruit de ville. Il s'était plu à la repousser ; mais la manière dont sa sœur la lui communiquait ne lui permettait plus le doute ; aussi, ne pouvant partir aussi rapidement qu'il l'eût souhaité et n'osant d'ailleurs quitter sa résidence sans un ordre de l'empereur, il écrivit en ces termes à Hortense :

« Chère sœur, nous ne sommes pas heureux « au milieu de notre brillante fortune ; pour y « parvenir d'abord, il a fallu que des bourreaux « fissent périr notre père. Tu as, toi, perdu « un fils bien-aimé, et notre mère va descendre « de ce rang où elle fit notre illustration. Nous « y laisser sans elle, c'est augmenter nos dou- « leurs ; nous devons la plaindre, nous ne pou- « vons que cela. L'empereur est notre second « père, notre bienfaiteur ; songe d'où il nous a « tirés, où il nous a fait monter. Notre élévation « est son ouvrage, et quoi que j'eusse pu faire en « France avec mon épée, assurément elle n'eût « pas suffi à faire de moi le vice-roi d'Italie.

« Rempli de cette conviction, ce sera toujours « avec une déférence respectueuse que je m'a- « dresserai à l'empereur ; je sais ce que je lui « dois, ce qu'il doit à lui d'abord et à la France.

« Le coup dont il nous frappe est horrible, il re-« tentit péniblement au fond de mon ame; mais « enfin il est libre de vouloir affermir son em-« pire. L'affront fait à ma mère me plongera dans « un désespoir sans borne, et néanmoins ne me « fera pas oublier que je suis sujet et fils adoptif « de Napoléon. Quant à mon épée, comme je « ne la tirerai jamais que pour son service, je « n'ai pas besoin de la regarder. Je puis déchoir, « tout perdre, mais je ne cesserai pas d'être re-« connaissant: c'est mon rôle, mon devoir. La pa-« trie avant tout. »

Le prince Eugène, dans cette lettre héroïque, manifestait de nobles sentimens, non qu'il fût insensible au coup qui renversait sa mère; mais il était trop juste pour se laisser aveugler par la douleur. La sienne fut extrême; un désespoir sombre l'accompagna jusqu'auprès de son auguste compagne qui cherchait vainement par ses chastes caresses à adoucir la violence de son chagrin.

Le télégraphe lui transmit enfin l'ordre de se rendre sans délai à Paris; il embrassa sa famille et fit le voyage sans s'arrêter. Il descendit d'abord chez la reine Hortense qui, tombant dans ses bras, toute en larmes, lui donna la confirmation de la détermination funeste. Napoléon impatient, ou plutôt Joséphine avait parlé : la glace était rompue et le divorce arrêté.

Ce fut une cruelle blessure au cœur du vertueux prince ; aussi, au lieu d'aller directement chez sa mère, en sortant de chez sa sœur, il se rendit chez l'empereur.

Lorsque le vice-roi fut annoncé à Napoléon, celui-ci tressaillit involontairement ; ce nom entra dans sa poitrine comme une flèche acérée. Cependant, toujours maître de ses mouvemens, il ordonna qu'on l'introduisît. Eugène parut avec sa tenue simple, digne et réellement chevaleresque.

—Prince, lui dit l'empereur, c'est la première fois que votre vue m'est pénible. Je souffre du mal que je vous fais ; je voudrais vous combler de mes faveurs. Aujourd'hui je vous immole, je le sens ; mais puis-je agir autrement ? suis-je le maître des destinées, je vous le demande; me trouvez-vous injuste? Parlez.

— Sire, un fils respectueux ne lève pas un regard hardi sur les actions de son père; il en souffre si elles lui sont douloureuses; mais, toujours soumis, il se courbe et se tait.

— Votre héroïsme est sans modèle, répondit Napoléon. Oui, pour me soulager, mon cher Eugène, permettez-vous au moins le murmure ou la plainte afin que tout l'avantage ne reste pas de votre côté.

— Hé bien! Sire, je déplorerai le sort de ma mère. Vous l'avez recherchée, vous l'avez épousée par amour; votre attachement, accru par des qualités précieuses, ne s'est pas éteint pendant treize ans de mariage, et néanmoins tout-à-coup vous lui fermez votre cœur, vous lui arrachez ce diadème dont vos propres mains l'ont parée, vous la dégradez...

— Qui dit cela! s'écria Napoléon; c'est une calomnie! L'impératrice Joséphine, couronnée, sacrée, ne peut, ne doit perdre aucun de ses avantages ; elle les conservera tous. Je la comblerai ; sa cour sera nombreuse et brillante, on la respectera comme on la respectait dans sa grandeur ; elle n'aura perdu que son rang, non dans mes affections, mais auprès de ma personne.

— Ah ! Sire, que l'on déchoit vite lorsque l'on tombe d'auprès de vous ; elle sera malheureuse... Je me tais : mon père a parlé ; moi, son fils, je dois me soumettre.

Napoléon, alors, avec une apparence de dépit :

— Avez-vous vu votre mère ?

— Non, Sire ; je me suis d'abord rendu aux ordres de Votre Majesté.

— Hé bien ! allez la voir ; consolez-la. Dites-lui que je l'aimerai toujours.

L'excellent prince, secouant la tête, s'inclina profondément devant Napoléon, prit congé et se retira.

L'intérieur du palais offrait partout alors des

visages singulièrement contraints; chacun brûlait de savoir, et nul n'osait s'informer; ce que l'on apprenait à la dérobée, on le cachait soigneusement. Les ambitions étaient en lutte avec des sentimens de justice mal éteints: on aimait Joséphine, on la plaignait; mais tous, nous avions notre existence enchaînée à la durée du règne de l'empereur, l'avenir de nos familles attaché à l'avenir de sa dynastie. Dans ce silence général, au milieu de cette muette curiosité, des bruits cependant circulaient, à peine articulés. On répandit, entre autres choses, que l'empereur s'était trouvé un moment fatigué du trop de vertu de son fils adoptif, irrité de la supériorité de son grand caractère. On se montra mystérieusement une lettre réelle ou prétendue de Napoléon à Eugène. J'en pris en secret une copie que j'ai retrouvée depuis peu de temps seulement dans mes papiers; je la transcris ici, sans en garantir positivement l'authenticité, mais comme un monument de vérité historique, du moins sous le rapport des sentimens qui y sont exprimés.

Cette lettre, comme on le verra, a dû accompagner l'ordre, transmis à Eugène, de se rendre de Milan à Paris. La voici :

« Vous ne m'avez jamais donné que des sujets de satisfaction; il m'est pénible de vous « affliger. J'ai à vous faire connaître la résolution « que je viens de prendre, non pour mon avan- « tage personnel, mais dans celui de l'empire. « Cette résolution m'est cruelle ; j'aurais voulu « que la fortune ne m'y contraignît pas ; j'aurais « voulu n'avoir jamais à faire verser des larmes « à votre mère, à qui j'ai dû tant de bonheur. « Je dois renoncer à elle, m'en séparer et con- « tracter un nouvel hymen. J'ai besoin de laisser « après moi des fils qui consolident mon ouvrage, « et qui, guidés, si je viens à leur manquer avant « le temps, par vos vertus et votre expérience, « puissent affermir sur une base inébranlable le « grand système de ma politique.

« Une telle mesure n'a pu être prise qu'après « de longs combats et de mûres réflexions ; je « l'ai soumise à l'expérience de mes plus sages

« conseillers ; tous l'ont approuvée. Croyez qu'il « a fallu faire violence à mes plus doux sen- « timens.

« Venez en toute hâte ; j'ai besoin de vous « avoir auprès de moi, entre moi et votre mère ; « venez donner un grand exemple au monde, « et prouver qu'un héros sait l'être dans sa fa- « mille, aussi bien que les armes à la main. « Adieu, mon cher fils. Que Dieu vous ait en sa « sainte et digne garde !

« NAPOLÉON. »

A cette lettre si paternelle, si affectueuse, est jointe la réponse du prince Eugène, que je dois faire également connaître.

« Sire,

« J'ai reçu avec un désespoir, dont vous seul « apprécierez l'étendue, la lettre que votre ma- « jesté m'a écrite ; elle m'a un instant enlevé à « moi-même et j'aurais honte de vous faire con- « naître ce qu'elle m'a fait éprouver. Dieu et « l'honneur sont venus à mon aide. J'appartiens

« plus que jamais à vous et à la France; oui, « Sire, votre douleur est réelle; vous ne cédez, « en prenant cette résolution, qu'au besoin de « mieux assurer le bonheur de la patrie auquel « on doit tout immoler.

« Je désire, plus que je ne l'espère, que ma « mère ait assez de force pour comprendre la « nécessité du sacrifice que vous exigez d'elle, « et assez de résignation pour en supporter les « suites. Elle et moi, dans cette circonstance, « nous devons donner l'exemple d'un grand « courage; je le donnerai, c'est tout ce que je « puis vous dire, et assurément tout ce que vous « pouvez exiger de moi. Fils soumis, sujet res- « pectueux, je n'oublierai jamais que vous êtes « mon empereur et mon père. Je vous servirai « comme je vous ai toujours servi, toutefois « avec cet avantage que désormais ma fidélité et « mon zèle étant sans espérance, n'en auront « peut-être que plus de prix à vos yeux. Comptez « sur moi ; vous ne me trouverez jamais parmi « les traîtres, comme vous ne m'avez jamais ren- « contré parmi les flatteurs.

« Je suis, Sire, avec le plus profond respect et « l'abnégation la plus absolue, de votre majesté « impériale et royale, le très-humble et très-obéis- « sant sujet et fils.

« EUGÈNE. »

Je passe sous silence l'entrevue si déchirante de la mère et du fils; nous en connûmes les moindres particularités, soit par la reine Hortense, soit par le prince vice-roi, soit par Joséphine elle-même; par madame de Larochefoucauld, qui ne craignait pas la conversation. Le bon comte de Beausset, trop heureux de sa fortune qui l'avait porté à jouer un grand rôle dans cette circonstance, nous confia, à trente, sous le sceau du secret, ce que depuis il a publié. Le brave homme, que sa vanité était douce et facile ! je l'ai vu mourir en montrant le bras sur lequel s'était appuyée la tête de l'impératrice. Ah ! que ce bras devint le digne pendant de celui du marquis de Villevielle!

Celui-ci, qui avait maigri de manière à rendre facile un cours d'ostéologie, avait une manie particulière : chaque fois qu'un niais ou un eurieux lui demandait : — Monsieur le marquis, vous qui êtes un homme d'autrefois, vous avez dû voir ou connaître Voltaire ?

— Si j'ai vu M. de Voltaire, si j'ai connu le patriarche de Ferney !... il m'honorait d'une affection très-vive. Veuillez m'écouter et vous en aurez la preuve. Il est mort là. Et, en s'exprimant ainsi, il avançait son bras gauche tendu sur lequel il donnait un coup sec du creux de la main droite ; et quel regard superbe accompagnait sa pantomime et ce propos !

Cent fois il le recommençait sans aucune variante ; aussi, tant que dura l'empire, le bras du marquis de Villevielle fut célèbre. Plus tard, celui du comte de Beausset entra en partage de célébrité.

Cependant les victoires de la dernière campagne autrichienne avaient consolidé pour de longues années, du moins on le croyait, la nouvelle ligue princière, connue sous le titre de *Confédération du Rhin.* Les rois nouvellement créés jugèrent la circonstance favorable pour venir faire leur cour à leur suzerain. Ignorant les troubles intérieurs de son palais, ils accoururent à Paris.

Il fallut recevoir ces hôtes augustes. Joséphine, dévorant sa douleur, renfermant son désespoir, dut leur paraître agréable et brillante : ce fut un sacrifice d'autant plus horrible, qu'il ne devait pas lui être compté.

Là d'abord, on vit le roi et la reine de Bavière, couple affable, gracieux, rempli d'urbanité française. J'ai dit que sa majesté bavaroise, alors le prince Max, avait habité Paris avant la révolution, sans morgue, sans espérance d'électorat, et assurément ne pensant point à la couronne fermée. La reine, sa femme, princesse respectable, sœur du grand-duc de Bade, compensait par ses manières affables ce que lui faisait perdre son peu de beauté. Naturellement majestueuse, la coupe surannée de ses robes, toutes de pourpre, d'or et d'argent, la faisait ressembler à la fameuse reine de Saba, telle que l'on nous la représente allant rendre visite à Salomon.

Le roi de Saxe suivit de près; proche parent

des Bourbons dépossédés, il donnait des larmes à leur grande infortune; mais, fidèle aux traités passés avec Napoléon, sa haute probité l'empêcha long-temps de les rompre; il n'y eut point à l'époque de nos désastres un plus beau caractère royal que celui de Frédéric-Auguste.

Ce roi vénérable avait une physionomie douce et majestueuse, une taille élevée et passablement chargée d'embonpoint; il portait un modeste uniforme blanc, collet, paremens et revers rouges brodés d'argent. Jusque-là tout allait bien; mais une malencontreuse mode allemande joignait à ce costume des queues jumelles serrées cruellement avec des rubans noirs, aussi droites, et si longues, si longues, que, chaque fois que cet excellent prince, après s'être mouché, remettait son mouchoir dans sa poche, il ne manquait jamais de l'y enfermer avec une au moins de ses queues et souvent toutes les deux, ce qui ne pouvait avoir lieu qu'à l'inextinguible hilarité des pages de la cour de France, qui firent un grand bruit de ces queues, d'autant moins à leur place, qu'elles étaient fausses, par conséquent attachées, non à la tête, mais à l'habit; elles suivaient fidèlement les mouvemens de la tête du roi. Enfin, croirait-on que, malgré sa douleur, on régala l'impératrice des aventures, faits et gestes des deux royales queues saxonnes.

Sa majesté wurtembergeoise, que j'ai assez fait connaître, vint aussi présenter aux Français son air digne et son ventre énorme. Ai-je dit que les chambellans de ce prince, avant de lui présenter un étranger, prévenaient celui-ci de l'obésité de leur maître et lui recommandaient de ne point s'en montrer surpris, sous peine de mécontenter sa majesté? Hé bien! malgré l'injonction, chaque fois que le roi de Wurtemberg paraissait, un invincible air d'étonnement se manifestait sur la figure de quiconque était admis à son audience; et le monarque en éprouvait la contrariété qu'on avait voulu lui éviter.

— Ah! Monsieur, me disait à son sujet le comte d'Escherny qui lui était attaché en qualité de chambellan, quel grand prince! comme il est à la fois ferme, juste et sévère! quelle représentation! qu'il a d'esprit et d'usage du monde! On ne peut le séduire, ni le surprendre; aimable dans un cercle, monarque dans son cabinet..... et pourtant quel terrible polichinelle!

Cette chute comique me prouva l'impression profonde que produisait, même chez les hommes les plus retenus, cette étrange difformité, et, quand on se rappelait l'énergie de ce roi, et puis, quand on voyait son ventre, on ne s'étonnait plus de la bizarre qualification de *terrible polichinelle*. Je serais bien malheureux, si, dans la peinture physique que je fais de sa majesté wurtembergeoise, on s'attachait à y voir de la malignité et l'envie de rabaisser cette grande figure historique; ce n'est nullement mon intention, bien au contraire; car, parmi tous les rois modernes, celui-là fut un de ceux qui ont su le mieux conserver leur rang; j'ai pour lui la vénération qu'il mérite, sans compter le respect que je professe pour ses augustes descendans.

A ces souverains étrangers, il s'en joignit plusieurs de la famille impériale. Nous vîmes Louis, roi de Hollande, espèce de fantôme couronné, tant son frère prétendait le maintenir dans une dépendance humiliante. Louis possédait toutes les qualités royales; il méritait un trône et souffrait impatiemment qu'on l'en fît tomber en le retenant pour ainsi dire captif. Il luttait pour la liberté de son peuple avec une énergie qu'on avait de la peine à accorder avec la faiblesse apparente de ses organes.

Louis, dans le calme de sa vertu tranquille, se raidissait contre la violence de Napoléon. Dans les réunions royales, il apportait ses chagrins et sa mélancolie, et, comme la cause en était connue, on ne l'en estimait que davantage.

Son frère Jérome, roi de Westphalie, jeune, resplendissant de luxe et de santé, formait avec Louis un contraste remarquable; il se montrait superbement vêtu de velours blanc, surchargé de broderies d'or et d'argent. Sa collerette de dentelle si fortement empesée, la profusion de chaînes, de diamans, de pierreries, qui le paraient, son col ouvert, sa toque garnie de plumes, sa jeunesse, son humeur rieuse, sa gaîté le firent presque toujours prendre, dans les cérémonies où il assista et où on le voyait assis, moins pour un roi que pour une reine de la famille impériale : il en résulta même des quiproquos plaisans.

Mais, plus que lui, resplendissait d'une somptuosité vraiment théâtrale, le roi de Naples, le superbe Murat qui, malgré sa figure assez commune et dépourvue d'expression, avait fini par se faire ranger au nombre des beaux ; il devait cette métamorphose à son costume toujours pompeux ou extraordinaire ; costume mi-partie du nord et du midi, tenant du Polonais, de l'Italien et du Musulman ; c'était un mélange d'étoffes riches, moelleuses, aux couleurs tranchantes ; de fourrures, de broderies d'or et de perles, d'argent et d'émeraudes ; des sabres orientaux, des coiffures pittoresques ; ses cheveux tombaient en longues boucles étagées sur ses larges épaules ; la taille élevée, ses favoris noirs et épais, ses yeux étincelans, sa parole saccadée et impérieuse, sa démarche brusque, le cliquetis de tout ce qui se choquait dans sa parure, olivettes, boutons, aiguillettes, chaînes, poignards, cordons, tout cela formait un ensemble qui provoquait moins le respect que la surprise, et qui rappelait au premier coup d'œil les charlatans de nos places publiques.

C'était bien à tort, sans doute; car Murat méritait plus qu'on ne lui accordait; sa bravoure était surnaturelle, son ame à toute épreuve; on sait qu'il est mort en roi, en héros et en saint. Il aimait son peuple, il travaillait à le rendre heureux. Parfait dans sa famille comme pour tous ses amis, pour ses anciens camarades, il passait sa vie à obliger et par conséquent à faire des ingrats ; combien il en a trouvé aux jours de son infortune! Jamais je n'ai été en position d'avoir aucune obligation à Murat; j'ai passé auprès de lui, inaperçu sans doute, jusqu'au moment où les événemens nous rapprochèrent : c'est une raison de plus pour que je lui rende la justice tardive qui lui est due; je le montrerai tel qu'il fut en effet, bon roi, bon père, bon ami, bon parent. Je n'irai point toutefois jusqu'à excuser l'impardonnable faute qui lui mit les armes à la main contre la France, contre l'empereur; la tache en est ineffaçable, et pourtant combien elle lui a coûté de larmes amères. J'ai vu le désespoir de Murat, j'ai vu ses larmes au moment où il crut céder à ce qu'il appelait les lois impérieuses de la nécessité.

Le cœur de Murat ne fut pour rien dans sa conduite; la force de caractère lui manqua. Loyal et généreux, il crut à la générosité et à la loyauté des hommes: son erreur fut grande. Je dirai plus tard les relations que j'eus avec lui à la fin de 1813 et au commencement de 1814.

Enfin, parmi les princes de la famille impériale réunis alors à Paris, se trouvait Eugène que l'adoption impériale avait introduit dans le collége des rois. Tous les regards étaient fixés sur lui; tout le monde, sans exception, déplorait le malheur qui le frappait; c'était de l'affection, de l'amitié fraternelle que chaque Français portait à cet excellent prince. Pour nous, hommes de l'ancien régime, c'était notre héros de prédilection, nous nous regardions comme solidaires de sa gloire, il nous semblait que sa réputation nous appartenait plus spécialement qu'à aucun autre, et nous en concevions un légitime orgueil. S'il eût vécu, si en 1830... ! mais ne nous arrêtons point à de stériles regrets et revenons à l'époque dont nous nous occupons.

Quelle splendeur! quelle magnificence dans les fêtes et les banquets de l'empire! Sans doute, ces décorations de la grandeur s'effacent avec le temps; il n'en reste que de vains souvenirs; cependant, on aime à se les rappeler. Je ne m'arrête que sobrement sur la description de ces galas merveilleux; je craindrais de déplaire à la génération dont la raison ne se laisse point éblouir, à ce qu'elle croit du moins, par ces pompes extérieures de la puissance; j'espère pourtant qu'on me pardonnera de rappeler une fête donnée à l'Hôtel-de-Ville, pendant que toutes les personnes royales dont je parlais tout à l'heure étaient réunies à Paris.

L'empereur avait conservé l'habitude de se rendre à l'Hôtel-de-Ville le jour anniversaire de la bataille d'Austerlitz, et en même temps du couronnement : cette année, à la fête qui consistait ordinairement en un concert et un bal, la ville de Paris joignit un banquet. Je vois encore le magique coup d'œil qu'offrait la table impériale : l'empereur y était dans toute sa magnificence, en costume de velours pourpre, portant le manteau semé d'abeilles d'or, doublé d'hermine, le chapeau à la Henri IV, étincelant d'une chaîne composée des plus beaux diamans de la couronne, à l'exception du *régent* qui brillait au pommeau de son épée d'apparat.

Joséphine était assise vis-à-vis de l'empereur. Pour la dernière fois le peuple devait voir en elle son impératrice, et déjà elle avait la conscience de son malheur. Quelle fête pour elle, et que ses parures devaient lui sembler pesantes !...

Elle portait une robe bleue, lamée en or et brodée en perles ; son manteau pourpre était richement orné d'une garniture d'émeraudes, d'améthystes, de topazes et de grenats ; sa ceinture était en gros brillans ainsi que le diadême et la couronne près de tomber. Jamais encore elle n'avait étalé tant de somptuosité.

L'empereur avait à sa droite le roi de Saxe, dans la simplicité de son costume militaire que j'ai déjà décrit. Le roi de Westphalie, paré comme une châsse, selon son usage; le roi de Wurtemberg, en costume de fantaisie; mais celui-là eût porté le Vésuve sur ses épaules, que je crois, on n'aurait fait attention qu'à son énorme ventre. Le roi de Naples, habillé comme de coutume, ce qui faisait dire aux badauds qu'il s'était vêtu du costume de grand-amiral, quoiqu'il n'en fût rien; c'était un salmigondis de chiffons et d'oripeaux à son usage. Le roi de Hollande, pâle, inquiet, souffreteux, venait l'avant-dernier, inspirant à tous une pitié dont il était digne, mais qu'on lui retirait en partie à l'aspect du vice-roi avec qui, dans ce moment, tous les cœurs sympathisaient.

Joséphine avait à sa droite, et par conséquent en retour de cette ligne de têtes couronnées, son altesse impériale madame-mère, à la mine haute et simple tout ensemble. Son costume était blanc, sauf un très-riche manteau vert et or qui relevait la modestie du reste. La reine de

Westphalie, charmante par sa beauté, par la fraîcheur de son teint, son air de douceur, son rire d'innocence, avait une robe de satin blanc, un manteau pareil, le tout brodé d'or et de pierreries; elle portait sur le haut de sa chevelure une petite couronne fermée. La reine d'Espagne, dont la vertu pieuse souffrait de la magnificence à laquelle son rang la condamnait; sa robe était à carreaux rouges et jaunes, chargés des tours de Castille et des lions d'Aragon, parure féodale, originale et pas du tout de mauvais goût. La reine de Hollande certes, avec sa charmante figure, eût été toujours remarquée; mais, en cette circonstance, la vanité de ses femmes y avait joint une parure si riche, si avenante, si délicieuse, qu'elle emportait la palme. Je borne là mon excursion dans le domaine de la description; je me perdrais au milieu de tant de parures et de pierreries qui étincelaient tout autour de la table. Et d'ailleurs, que les pensées intérieures de chacun des convives eussent été plus curieuses à observer que l'éclat répandu sur eux!

La douleur, plus forte que la dissimulation, n'était pas moins visible sur le visage de la reine Hortense que sur celui de sa mère ; elles ne purent manger ni l'une ni l'autre, et la constance de leurs efforts ne triompha pas toujours des larmes qui les suffoquaient. Le costume germanique de la reine de Bavière formait un contraste frappant avec le goût exquis qui avait présidé à la toilette des autres reines et plus encore de sa voisine, la princesse Borghèse, fée, sylphide ou nymphe ; élégante, gracieuse, vive, coquette, animant seule par ses propos la tristesse solennelle de ce festin officiel.

Le prince de Bénévent en sa qualité de grand dignitaire de l'empire, se tenait en apparence, debout derrière l'empereur, et en réalité il avait pour s'asseoir un siége élevé, étroit et presque invisible ; la faiblesse de ses jambes ne lui aurait pas permis une position aussi pénible et aussi prolongée.

La comtesse de Larochefoucaud était derrière l'impératrice ; sa petite taille, sa gibbosité la faisaient disparaître ; c'était un pronostic de son éclipse prochaine. Déjà elle ne déguisait pas la mauvaise humeur que lui causait la répudiation de sa maîtresse. Lui ayant adressé, ce jour-là même, un compliment de condoléance sur la fatigue qu'elle avait dû éprouver, elle me répondit résolument.

— Monsieur, ce qui la diminue, c'est qu'elle tire à sa fin !

C'était me faire entendre qu'elle ne suivrait pas l'impératrice dans son exil. Je dirai plus tard ce que j'ai vu et qui se rapporte à cette particularité.

Le couvert, à l'Hôtel-de-ville, était dressé dans la salle des Fastes, dans une espèce d'enfoncement demi-circulaire. Les derrières, les côtés, étaient libres pour la facilité du service; mais, en face, le public admis à contempler ce pompeux spectacle entrait par une porte et sortait par l'autre ; la table était élevée sur une estrade, ce qui favorisait la curiosité.

Peu après le bal commença : il fut très-brillant. On y avait appelé la cour et la ville qui y disputèrent de magnificence : c'était un coup d'œil magique. L'empereur, grave, allait et venait, parlant à beaucoup de femmes qu'il interloquait de ses questions; puis venait l'impératrice abattue, pâle, mourante, dont la voix faible laissait à peine échapper des sons inarticulés. Son supplice, car c'en était un affreux que de *faire* la souveraine quand elle avait cessé de l'être, son supplice dura peu. L'empereur en eut pitié; il se retira avant minuit, et la rendit ainsi à la liberté de ses larmes. Déjà, à cette fête, on avait voulu la rendre victime d'une mystification cruelle. Mais je viens trop tard pour en raconter les détails; madame la duchesse d'Abrantès m'a prévenu dans ses mémoires.

CHAPITRE III.

AINSI, Joséphine venait de jouer la dernière scène de son rôle d'impératrice. De retour dans son appartement, elle mit, à se débarrasser de sa parure, un empressement qui ne lui était pas ordinaire ; elle quitta surtout son diadême avec une satisfaction visible, mais peut-être un peu affectée : on eût dit qu'il pesait lourdement sur son front. N'ayant plus que des simples vêtemens de nuit, elle se coucha, toujours de plus en plus

5.

fatiguée. Seule et libre enfin, elle s'abandonna à la violence chagrine de ses pensées.

Pendant toute la durée du consulat et les premières années de l'empire, il exista dans le peuple une sorte de superstition sur l'influence que l'on attribuait à Napoléon, et qui s'étendait sur la température. La vérité est que nous avons vu maintes fois des retours inopinés de beau temps presque miraculeux pour des jours de revue ou de parade. Dans la nuit du divorce, ce fut tout le contraire; et les gens superstitieux furent autorisés à en tirer les plus fâcheux pronostics. Il est de fait, et les contemporains de cette époque ne peuvent l'avoir oublié, que, le samedi, une tempête, heureusement rare dans nos climats, fondit sur Paris; pendant la nuit suivante où fut consommé le divorce, une pluie épouvantable tomba par torrens et sembla menacer la ville entière d'un nouveau déluge, sans que le vent perdît de sa violence.

Le lendemain, les rues de Paris étaient jonchées de débris de cheminées renversées, de toitures enlevées, de pots de fleurs; sur les boulevards et dans les jardins, notamment aux Tuileries, une grande quantité d'arbres gisaient déracinés.

Une frayeur universelle, une terreur superstitieuse s'emparèrent des esprits. Les uns prétendaient avoir entendu des cris plaintifs et des accens de colère mêlés aux mugissemens de l'orage ; ils racontaient que le drapeau tricolore, posé sur les Tuileries avait été emporté onze fois en trente-six heures, ne conservant que sa bande blanche ; d'autres affirmaient que l'on avait vu, dans le château, une figure sinistre, vêtue de blanc, de bleu et de rouge, qui en balayait les appartemens, qui en effaçait les N. couronnés et les aigles ; que la générale avait été battue dans plusieurs casernes par des mains invisibles ; enfin, des invalides affirmèrent que, vers le soir du samedi, des personnages hideux s'étaient introduits dans l'église et avaient marqué tous les drapeaux, fruits de nos mille conquêtes, comme si on eût dû les enlever prochainement.

Ce qu'il y a de certain, c'est que la violence

du vent fut telle, que, malgré la pluie, les pavés restaient secs; je n'ai pas vu depuis se répéter un phénomène pareil.

A midi, le 16, jour néfaste à plus d'un titre, les sénateurs convoqués par lettres closes, se réunirent au palais du Luxembourg où l'archichancelier vint présider cette séance mémorable, où un simple particulier, un sujet, vit, dans la foule des sénateurs, les rois de Hollande, de Westphalie, de Naples, le vice-roi d'Italie, les princes souverains de Neufchatel et de Bénévent.

Outre la qualité de sénateur, le prince Eugène avait reçu de son père adoptif la dignité d'archichancelier d'État; elle exigeait un serment que ce héros prêta en ces termes.

« Sénateurs.

« Depuis que les bontés de l'empereur et roi m'ont appelé à compter parmi vous, des témoignages de sa confiance m'ont continuellement éloigné de Paris, et c'est pour la première fois aujourd'hui que je parais dans votre sein ; je suis heureux de pouvoir vous dire, qu'au milieu des bienfaits dont sa majesté n'a cessé de me combler, j'ai été particulièrement sensible à l'honneur qu'il m'a accordé, de faire partie du premier corps de l'empire. Agréez, sénateurs, l'expression de ces sentimens et l'assurance du bonheur que j'éprouve à prononcer, au milieu de vous, le serment qui est pour moi celui du devoir, de l'amour et de la reconnaissance. *Je jure obéissance aux constitutions de l'empire et fidélité à l'empereur.* »

Cambacérès chargé de la réponse, orna de fleurs la victime qu'il allait immoler; il prodigua au prince de justes éloges, et ne dit rien du motif de la convocation. La séance continua; des orateurs du gouvernement furent annoncés; c'étaient les comtes Regnauld et de Fermont. Dès qu'ils eurent été introduits, conformément au cérémonial d'usage, l'archichancelier fit connaître le triste objet de la convocation; il prononça des phrases banales, et, quand il eut terminé, le comte Regnauld présenta au sénat un projet de réglement, portant dissolution du mariage contracté entre sa majesté l'empereur Napoléon Bonaparte et sa majesté l'impératrice Joséphine Tascher de la Pagerie.

« Le sénat conservateur, réuni au nombre des membres prescrits par l'article CX de l'acte constitutionnel, en date du 1er décembre 1799 :

« Vu l'article dressé, le 15 du présent mois, dont la teneur suit :

« L'an 1809 et le 15 décembre, nous Jean-Jacques Régis Cambacérès, prince archichancelier de l'empire, duc de Parme, exerçant les fonctions qui nous sont attribuées par le titre XI, article 14, du statut de la famille impériale ; et en vertu des ordres qui nous ont été adressés par sa majesté l'empereur et roi, dans sa lettre close en date de ce jour, dont la teneur suit :

« Mon cousin.

« Mon intention est que vous vous rendiez « aujourd'hui, 15 décembre, à neuf heures du « soir, dans notre grand cabinet du palais des « Tuileries, assisté du secrétaire de l'État civil « de la famille impériale, pour y recevoir de no- « tre part et de celle de l'impératrice, notre chère

« épouse, une communication de grande impor-
« tance. A cet effet, nous avons ordonné que la
« présente lettre close vous soit expédiée. Sur ce,
« nous prions Dieu, mon cousin, qu'il vous ait
« en sa sainte et digne garde.

« A Paris, ce 15 décembre 1809. »

« Et au dos est écrit : *A notre cousin le prince
« archichancelier, duc de Parme.*

« Nous nous sommes rendu dans la salle du trône, au palais des Tuileries, assisté de Louis-Michel-Étienne Regnauld (de Saint-Jean-d'Angely) comte de l'empire, ministre d'État, secrétaire de l'État civil de la famille impériale. Un quart d'heure après nous avons été introduits dans le grand cabinet de l'empereur, où nous avons trouvé sa majesté l'empereur et roi, sa majesté l'impératrice accompagnée de LL. MM. les rois de Hollande, de Westphalie, de Naples, de S. A. I. le prince vice-roi d'Italie, de LL. MM. les reines d'Espagne, de Hollande, de Westphalie, de Naples, de madame-mère, de S. A. la princesse Pauline.

« L'empereur a daigné nous adresser la parole en ces termes :

« Mon cousin le prince archichancelier,

« Je vous ai expédié une lettre close, en date « de ce jour, pour vous ordonner de vous rendre « dans mon cabinet afin de vous faire connaître « la résolution que moi et l'impératrice, ma très-« chère épouse, avons prise. J'ai été bien aise « que les rois, les reines et princesses, mes frères « et sœurs, beau-frère et belles-sœurs, ma belle-« fille et mon beau-fils devenu mon fils d'adop-« tion, ainsi que ma mère, fussent présens à ce « que je veux faire connaître.

« La politique de ma monarchie, l'intérêt et « le besoin de mes peuples, qui ont constamment « guidé toutes mes actions, veulent qu'après moi « je laisse des héritiers de mon amour pour mes « peuples et de ce trône où la Providence m'a « placé. Cependant, depuis plusieurs années j'ai « perdu l'espérance d'avoir des enfans de ma « bien-aimée épouse, l'impératrice Joséphine, « ce qui me porte à sacrifier les plus douces « affections de mon cœur, à n'écouter que le bien

« de l'État et à vouloir la dissolution de mon
« mariage.

« Parvenu à l'âge de quarante ans, je peux « espérer de vivre assez pour élever, dans mon « esprit et dans ma pensée, les enfans qu'il « plaira à la Providence de me donner. Dieu sait « combien une résolution pareille a coûté à mon « cœur; mais il n'est aucun sacrifice qui soit au « dessus de mon courage, lorsqu'il m'est démon-« tré qu'il est utile au bien de la France.

« J'ai besoin d'ajouter que, loin d'avoir jamais « eu à me plaindre, je n'ai eu qu'à me louer de « l'attachement et de la tendresse de ma bien-« aimée épouse; elle a embelli quinze ans de « ma vie, elle restera toujours gravée dans mon « cœur. Elle a été couronnée de ma main, je « veux qu'elle conserve le rang et le titre d'im-« pératrice, mais surtout qu'elle ne doute jamais « de mes sentimens, et qu'elle me tienne toujours « pour son plus cher et meilleur ami. »

« Sa majesté l'empereur et roi ayant cessé de parler, sa majesté l'impératrice prit la parole en ces termes:

« Avec la permission de notre auguste époux, « je dois déclarer que, ne conservant aucun espoir « d'avoir des enfans qui puissent satisfaire les « besoins de sa politique et l'intérêt de la France, « je me plais à lui donner la plus grande preuve « d'attachement et de dévoûment qui jamais ait « été donnée sur la terre. Je tiens tout de ses « bontés : c'est sa main qui m'a couronnée, et, « du haut de ce trône, je n'ai reçu que des témoi- « gnages d'affection et d'amour de la part du « peuple français.

« Je crois reconnaître tous ces sentimens en « consentant à la dissolution d'un mariage qui « désormais est un obstacle au bien de la France, « qui la prive du bonheur d'être gouvernée un « jour par les descendans d'un grand homme, « si évidemment suscité par la Providence pour « effacer tous les maux d'une révolution terrible, « et rétablir le trône, l'autel et l'ordre social. « Mais la dissolution de mon mariage ne chan- « gera rien aux sentimens de mon cœur; l'em- « pereur aura toujours en moi sa meilleure amie. « Je sais combien cet acte commandé par la poli-

« tique, par de grands intérêts, a froissé son cœur;
« mais l'un et l'autre nous sommes glorieux du
« sacrifice que nous faisons au bien de la patrie. »

« Sur quoi LL. MM. II. et RR., nous ayant demandé acte de leur déclaration respective, ainsi que du consentement mutuel qu'elles contiennent et que leurs majestés donnent à la dissolution de leur mariage, comme aussi du pouvoir que leurs majestés nous donnent de poursuivre, partout où besoin serait et auprès de qui il appartiendrait, l'effet de leur volonté, nous, prince archichancelier de l'empire, déférant aux ordres et réquisitions de leurs majestés, avons donné le susdit acte dressé audit procès-verbal pour servir et valoir ce que de droit; auquel procès-verbal LL. MM. ont apposé leur signature; et qui, après avoir été signé par les rois, reines, princes et princesses présens, a été signé par nous et contresigné par le secrétaire de l'État civil de la famille impériale qui l'a écrit de sa main.

« Fait au palais des Tuileries, les jour, heure et an que dessus. »

Ce protocole, écouté par le sénat avec une attention solennelle, fut accompagné d'un discours du c omteRegnauld, où l'esprit et la sensibilité de cet homme d'État se montrèrent à propos. Mais quelque bien qu'il parlât, ce n'était pas lui qu'on se souciait d'entendre : son rôle était trop secondaire dans ce drame gigantesque; c'était le prince Eugène dont on attendait le noble discours, lui que tous les cœurs aimaient. Il s'exprima en ces termes :

« Princes, sénateurs,

« Vous venez d'entendre la lecture du projet « du sénatus-consulte soumis à votre délibéra« tion; je crois de mon devoir, dans cette cir« constance, de manifester les sentimens dont « ma famille est animée. Ma mère, ma sœur et « moi devons tout à l'empereur : il a été pour « nous un véritable père, il trouvera en nous, « dans tous les temps, des enfans dévoués et des « sujets soumis. Il importe au bonheur de la « France que le fondateur de cette quatrième « dynastie vieillissecouronné d'une descendance

« directe qui soit notre garantie à tous, comme
« le gage du bonheur de la patrie.

« Lorsque ma mère fut couronnée devant « toutes les nations par son auguste époux, elle « contracta l'obligation de sacrifier toutes ses « affections à la gloire de la France ; elle a rempli avec courage, noblesse, dignité, le premier « des devoirs ; son ame a souvent été attendrie « en voyant en but à de terribles combats le « cœur d'un homme accoutumé à maîtriser la « fortune et à marcher d'un pas ferme à l'accomplissement de ses grands dessins ; les larmes « qu'a coûtées cette résolution de l'empereur « suffisent à la gloire de ma mère. Dans la situation où elle va se trouver, elle ne sera pas « étrangère par ses vœux, par ses sentimens, aux « nouvelles prospérités qui nous attendent, et ce « sera avec une satisfaction mêlée d'orgueil « qu'elle verra tout ce que ses sacrifices auront « produit d'heureux pour la patrie et pour « l'empereur. »

La voix du prince expira, noyée dans des larmes. Un murmure qui exprimait la part que l'on prenait à son infortune, lui rendit sa force; il releva son beau front, descendit majestueusement de cette tribune dont il venait de se faire un trône et alla prendre place en se confondant parmi les sénateurs qui tous lui témoignèrent la part qu'ils prenaient à sa légitime douleur.

Le comte Grégoire lui adressa ces mots :

— Prince, l'union que contractera l'empereur sera nulle; aucun pouvoir civil ne peut délier sur la terre ce qui a été lié dans le ciel. Votre auguste mère demeurera la véritable et légitime impératrice.

— Surpris de ce propos étrange : Monsieur, dit le prince, je ne suis pas venu ici faire de la théologie, mais seulement, par mon obéissance, montrer à l'empereur combien je suis reconnaissant de ses bienfaits.

Ce fut avec calme et dignité que le prince Eugène fit cette noble réponse; mais le rigoureux janséniste n'en fut nullement intimidé, et il n'en persista pas moins dans son opinion; il la manifesta même en termes si énergiques, que les sénateurs placés près de lui s'en éloignèrent comme s'ils eussent craint de l'avoir entendu. Cependant le énat, séance tenante, chargea une commission de faire un rapport sur l'acte de divorce; neuf membres la composèrent : les comtes Garnier, Lacépède, Sémonville, Laplace, Chaptal, Monge, le maréchal Lefèvre, duc de Dantzick, et le maréchal comte Serrurier. Comme tout était réglé d'avance, la commission ne prit que le temps de lire les pièces, de les faire copier; et, au bout d'une heure, elle rentra dans la salle. Le comte de Lacépède, nommé rapporteur, conclut à l'admission, et l'on passa aux voix. Une majorité considérable fit de ce projet un sénatus-consulte régulier, ainsi conçu :

« Vu, etc., etc., le sénat décrète :

« Art. Ier. Le mariage contracté entre l'empereur Napoléon et l'impératrice Joséphine est dissous ;

« Art. II. L'impératrice Joséphine conservera le rang et le titre d'impératrice couronnée ;

« Art. III. Son douaire est fixé à une rente de deux millions de francs sur le trésor de l'État.

« Art. IV. Toutes les dispositions qui pourraient être faites par l'empereur Napoléon, en faveur de l'impératrice Joséphine, seront obligatoires par ses auteurs;

« Art. V. Le présent sénatus-consulte sera transmis par un message à sa majesté l'impératrice. »

Le sénat, pendant qu'il était en train, vota ensuite deux adresses, une pour Napoléon et l'autre pour Joséphine. Et là, on commença à mettre en avant ce qu'on ne cessa de répéter depuis dans des milliers d'adresses.

On vient de lire le récit officiel et par conséquent mensonger de ce qui se passa aux Tuileries; voici maintenant la vérité. Au lieu de prononcer le discours qu'une politique effrontée a placé dans sa bouche, et dont l'auteur était Regnault de Saint-Jean-d'Angely, la malheureuse Joséphine ne put en articuler une seule phrase; son éventail étendu devant sa figure ne cachait ni ses sanglots, ni ses soupirs, et il fallut que l'archichancelier lui tînt la main et la lui conduisît comme à un enfant pour qu'elle pût signer l'acte fatal.

Sa fille anéantie ne rencontra là de visages amis que ceux des reines d'Espagne et de Westphalie ; car toutes les personnes attachées par le sang à Napoléon ne purent prendre sur elles de dissimuler une joie vraiment odieuse dans cette circonstance. Murat et Louis furent parfaits pour Eugène ; ils lui prodiguèrent de vives consolations, tandis que les princesses Caroline et Pauline échangeaient entre elles la malignité de leurs regards satisfaits. Madame-mère, plus réservée, se montra seulement froide et indifférente. Elle ne put prendre sur elle de sécher des pleurs qui ne la touchaient que médiocrement.

Napoléon était au contraire comme les cœurs fermes et fortement déterminés; il avait pris sa résolution : il fallait qu'elle reçût son accomplissement entier. Il lui tardait que la séance finît, afin de se lancer dans ce nouveau monde, vers lequel sa trompeuse destinée l'appelait. Enfin il vit le terme de la grande scène. Les enfans de

Joséphine emmenèrent précipitamment leur mère ; elle étouffa sa douleur ou plutôt crut la dérober aux regards avides des divers Services qui étaient là, curieux de connaître ce qui venait de se passer. Le lendemain, pendant la parade, à l'heure de midi, ils la virent monter en voiture pour ne plus revenir aux Tuileries.

—A la Malmaison, dit l'écuyer cavalcadour. Et ainsi finit pour elle ce rêve de grandeur, commencé sous de meilleurs auspices.

Il courut dans ce temps un bruit singulier. On dit qu'au moment de sa dernière séparation, Joséphine sollicita de son époux une conversation secrète. Celui-ci d'abord hésita, mais enfin il céda. Ils restèrent ensemble environ quarante minutes, sans que ni l'un ni l'autre élevassent assez la voix pour qu'un seul mot de leur conversation pût être entendu. L'impératrice reparut moins agitée. Comme on peut le supposer on fit force commentaires sur le sujet traité dans ce colloque. Napoléon n'en répéta rien ; Joséphine garda le même silence. Une fois pourtant ses enfans la pressant de leur dévoiler ce mystère :

— J'ai promis de ne jamais révéler, sans le consentement de Bonaparte, ce que vous souhaitez de savoir, leur répondit-elle; contentez-vous d'apprendre que, dans ce moment décisif, j'ai été assez heureuse pour donner à l'empereur un dernier gage de mon amour en le prévenant d'un fait qui, plus long-temps ignoré de lui, aurait pu avoir plus tard une influence fatale sur sa destinée. Mes enfans, les morts ne reposent pas tous dans les tombeaux.

L'impératrice s'exprima ainsi avec une gravité presque solennelle. Ses dignes enfans étaient trop respectueux envers elle pour insister davantage; de sorte que ce secret est un de ceux qui doivent mourir dans un profond oubli; mais on peut juger à combien de conjectures bizarres il a donné lieu.

Quoique je susse depuis plus long-temps que beaucoup d'autres l'événement qui venait de s'accomplir, j'en fus cependant profondément affligé. Dès le lendemain du jour où le changement de fortune de ma digne et ancienne amie devint officiel, je me hâtai de solliciter une audience, et j'éprouve quelque vanité à dire que ce fut la première qu'elle accorda.

— Que me voulez-vous? me demanda-t-elle avec sa bonté accoutumée; vous savez bien que je ne puis plus rien.

— Je ne viens pas non plus demander, mais offrir, mettre ma personne aux ordres de l'impératrice et lui témoigner le sincère désir d'entrer à son service.

— Mon cher comte, cette marque de reconnaissance me touche; mais hélas! ce serait mal a reconnaître moi-même, dans le cas où j'en aurais le pouvoir, si je vous attachais à ma personne. Mon service sera un impasse pour l'avancement; d'ailleurs l'empereur vous a désigné comme l'un de ceux dont le zèle et les talens lui sont nécessaires, et qu'il me prie de ne pas lui enlever.

Je sentis tout le prix de cette réponse trop obligeante; mais dans ce moment je craignais par dessus tout de n'être plus admis dans l'intimité de sa majesté, ce que je lui exprimai de mon mieux.

— Ne parlez pas ainsi ; votre fidélité offrirait un trop grand contraste avec la conduite de quelques autres. Que diriez-vous, si, parmi les personnes qui me quittent, je vous signalais ma dame d'honneur ?

— Impossible ! m'écriai-je. La calomnie flétrit la loyauté de madame de la Rochefoucauld; elle est incapable d'une pareille action.

— Comte, cela n'est que trop vrai, ma dame d'honneur me quitte.

— Serait-ce dans l'espoir d'être attachée à la nouvelle impératrice ?

—C'était son but, mais elle l'a manqué. Hier, ayant demandé une audience à l'empereur, au lieu de venir à moi comme vous avez fait, avec tant de franchise, elle a dit à Napoléon qu'instruite du malheur qui me séparait de lui et me sachant destinée à terminer mes jours dans la retraite, elle avait voué un trop vif attachement à la personne de sa majesté, pour consentir à ne plus la voir journellement, et, en conséquence, elle l'a sollicitée de lui laisser la faculté de lui faire chaque jour sa cour aux Tuileries.

— Madame, lui a-t-il répondu, je suis touché de cette preuve de fidélité ; mais l'impératrice, qui sera seule, isolée, souffrante, affligée, aura trop besoin des consolations de l'amitié, pour que je la prive des vôtres ; les amis, les serviteurs ne me manqueront pas. Allez vers elle, elle en sera reconnaissante, et je vous en saurai gré.

La bonne comtesse, interloquée par cette réponse de l'empereur, s'est mordu les lèvres, a hésité, et enfin balbutié ces paroles :

— « Sire, les affections nous entraînent, les miennes me portent près de vous. Je tiens à vous en donner la preuve ; vous la trouverez dans ma démission que je vous présente de ma charge de dame d'honneur de l'impératrice. Quant à celle sur qui reposera le choix de l'empereur, il me sera doux de lui appartenir.

— J'entends, madame la Rochefoucauld ; vous êtes comme les chats : ils tiennent moins aux maîtres qu'à la maison. Ce que vous demandez est impossible ; je vous croyais plus attachée à l'impératrice qu'à la place. J'ai fait un autre choix ; ce ne sera pas vous.

Madame de la Rochefoucauld, qui augurait mieux de son crédit, fut attérée de cette brusque déclaration. L'empereur est indigné de son ingratitude et il m'a tout appris. Je ne saurais vous le cacher, mon cœur a été brisé de cet abandon : rien ne m'y avait préparée, car j'avais toujours mis ma dame d'honneur au nombre des personnes dont je ne me séparerais jamais.'

Plus l'impératrice me confirmait cette nouvelle, moins je pouvais la croire; et cependant rien n'était plus vrai. J'en fus péniblement affecté.

Hélas! l'empereur n'a-t-il pas été lui-même puni cruellement de sa confiance dans ceux dont la fidélité lui paraissait assurée. Berthier, Savary, pourquoi l'abandonneront-ils plus tard! Leur poste avant tout n'était-il pas auprès de lui ?

Madame de la Rochefoucauld se montra on ne peut plus blâmable dans sa conduite envers Joséphine. Je crois qu'elle a cessé de vivre, et ses parens peuvent chercher à l'excuser; mais le fait parle assez haut, et suffit pour la faire condamner. On n'avait jamais entendu ni par elle ni par ses alentours qu'elle eût le projet de prendre sa retraite au moment où l'impératrice serait répudiée. Elle ne quitta son service que dans l'espérance ambitieuse d'être attachée à celui de la nouvelle impératrice ; et Napoléon déjoua ce calcul d'ambition. Joséphine toujours parfaite dit à cette occasion :

Bonaparte aurait dû mieux traiter madame de la Rochefoucauld; il ne faut pas toujours en vouloir aux gens, s'ils ne nous aiment pas autant que la reconnaissance semble le leur commander ; il faut faire la part de la faiblesse humaine.

Le prince Ferdinand de Rohan, frère du cardinal-*collier*, et alors premier aumônier de Joséphine, agit comme madame de la Rochefoucauld; mais il y mit plus de franchise. Je trouve ce qui le concerne dans une lettre que j'écrivais quelque temps après à une dame de mes amies habitant la province.

Je lui disais :

« La cour prend un autre aspect, elle se divise en deux services : l'ancien à la Malmaison, le nouveau aux Tuileries. Chaque jour nous apprend une ou plusieurs défections ; on passe, avec une effronterie sans égale, du camp de la pauvre répudiée à l'expectative de celle que l'on attend, quoique nul encore ne puisse deviner qui elle sera. Le prince Ferdinand de Rohan, dernier archevêque de Cambrai, a suivi l'impulsion imprimée par la dame d'honneur ; il s'est présenté, à l'Élysée, à l'empereur, et, secouant pour cette fois ses habitudes cafardes :

— « Sire, lui a-t-il dit, la grande aumônerie était comme héréditaire dans ma famille ; si je ne la réclame pas, c'est que l'oncle de votre majesté en étant investi, la convenance me défend de le faire. En acceptant celle de l'impératrice, j'ai espéré m'en dédommager en partie ; mais si je suis à la Malmaison, une nouvelle impératrice étant couronnée, je descendrai au troisième rang. Je ne me suis pas attaché à telle ou telle princesse nominative, mais à l'épouse de mon souverain, à l'impératrice régnante ; je réclame donc ces fonctions auprès de celle que choisira Votre Majesté.

— « Monsieur l'archevêque, répondit l'empereur, vous avez raison; vous êtes dans votre droit. Je me rappelle très-bien que les fonctions que vous remplissez maintenant ne sont qu'une pierre d'attente; j'enverrai à votre place auprès de Joséphine un de ses parens qui remplira très-bien ses fonctions pieuses. A propos, on m'a dit que vous buviez; que ce matin encore....

— « Hélas! Sire, repartit le prince, nous étions à déjeuner ce matin trois vieux amis: le chevalier de Cubières, le cardinal Maury et moi; nous avions résolu de compter vos victoires par nos toasts, et nous n'avons pas pu aller jusqu'à la fin de vos campagnes d'Italie.

« Nous avons tous admiré la présence d'esprit du prince Ferdinand qui n'a jamais, dans notre petit comité, parlé de cette manière. L'eussiez-vous cru capable d'une réplique assez adroite pour conjurer l'orage.

« Il est remplacé par le comte de Barral, archevêque de Tours, sénateur et parent de l'impératrice. Celui-ci a de la tenue, de la science, du goût, du tact; il n'a rien de commun avec le

Rohan que la robe; il faut descendre presque au Jarente pour chercher à celui-ci un point de comparaison. Au reste le cardinal Maury est furieux du propos de l'ancien archevêque de Bordeaux et de Cambrai.

« La comtesse d'Arberg a demandé la place abandonnée par madame de la Rochefoucauld avec une chaleur, un empressement qui ont charmé Joséphine : elle en parle sans cesse, comme d'un phénix. C'est une excellente femme, noble, grande, ferme, digne, polie, humaine, charitable; le sous-ordre l'apprécie autant qu'elle haïssait la comtesse bossue; on ne lui reproche que d'être pieuse, dévote, catholique! Il faut avouer que nous vivons dans un siècle singulier.

« L'impératrice conserve nos dames de Remusat, autre digne choix; la comtesse de Serrent-Walsch, la belle veuve comtesse de Colbert, dont les larmes qui tariront ne flétriront pas les graces et les charmes; c'est une femme dont on dit beaucoup de bien, que tout le monde aime. Son père, le général Cauclaux, est un romain de la vieille roche, un de ces hommes tout de courage, de probité, de sens, de prévoyance; on peut faire le même éloge de sa mère.

Après ces dames, vient la gracieuse et rose comtesse de Turenne, jolie fleur qui se soigne de manière à conserver sa fraîcheur pendant longtemps. Une aventure, arrivée l'autre jour à son mari, nous a tous fait pâmer de rire, tant nous sommes humains et charitables.

« Nous étions dans le grand salon d'honneur des Tuileries, devant la cheminée; là venait de prendre place l'ex-archevêque de Malines, monsieur de Roquelaure (Besuejouls), ancien premier aumônier du roi, ancien évêque de Senlis, l'un des quarante de l'Académie française, vieillard fin, aimable, tout du monde, ayant vécu dans la faveur intime de Louis XV, Louis XVI, et surtout de mesdames, filles de Louis XV; commandeur de l'ordre du Saint-Esprit, vieillard plus qu'octogénaire, étant né en 1721. Tout ce qu'il y a d'égards, de vénération, de respect, lui est prodigué; on l'aime, on le considère, on l'écoute avec plaisir; et, pour le mystifier, ou du moins pour avoir la pensée de le faire, il fallait être le comte de Turenne que nous avons surnommé milord Kincester (qui ne sait se taire), pour peindre d'un seul mot sa propension au parlage et son anglomanie.

« Imaginez-vous un homme qui a tant lu, qu'il n'a pas eu le loisir de classer ses lectures; au reste, ayant de l'esprit, malin, railleur, leste, persifleur, seigneur de bonne maison, ne doutant de rien, chambellan de sa majesté, arrivant aux honneurs de la garde-robe, ce qui gonfle un peu sa superbe.

« Poussé par son mauvais génie, croyant jeter du trouble dans l'esprit d'un bon et gai vieillard, il vient à lui, faisant signe à droite et à gauche comme pour se faire écouter, ayant l'air de dire : Je vais vous amuser aux dépens de ce pauvre homme; il aborde cavalièrement l'ex-archevêque de Malines, avec une profusion de révérences, de complimens, d'éclats de voix; et lui dit : Hé bien ! Monseigneur, vous dites donc adieu au monde; vous enrayez. Eh! quelle vie..... quelle délicieuse vie !.... si longue, si bien remplie !... des dignités, des cordons, des honneurs.... une jeunesse.... Ah! un peu leste, des coups de tête.... des contes plaisans.... ces facéties de Roquelaure, si gaies, si réjouissantes.... tout cela est votre ouvrage, Monseigneur, tout cela est de votre crû.

« L'auditoire à ce propos s'étonne, se rapproche; on murmure presque, on plaint le vieillard.... Mais celui-ci haussant la voix et caressant sa perruque :

— « Hélas! M. le vicomte.... nous sommes la contre-partie l'un de l'autre : les dignités, les honneurs, le rang, la vénération me viennent avec l'âge; vous, moins heureux, vous êtes aujourd'hui à peu près inaperçu.... la révolution.... de longues années.... tant de moyens de se ruiner... Mais la jeunesse, quelle brillante jeunesse!.... Ah! M. le vicomte, qui ne se rappelle votre nuit passée sur l'affût d'un canon.... vos exploits dans le Piémont.... l'affaire de Fribourg.... la journée de Nordlingue.... celle de Gien.... le combat du faubourg Saint-Antoine, la prise de Rehtel, la bataille des Dunes, votre ascendant sur le grand Condé....

sans compter cette vie si glorieuse, terminée par une mort plus glorieuse encore... cela valait un peu mieux que le persiflage froid, que l'adoration de soi-même.... des contes sans sel.... des épigrammes sans grace, et surtout que l'envie de livrer à la risée publique un vieillard qui vous aime et qui vous pardonne... Oui, convenez, M. le *vicomte*, que vous préfèreriez, si vous aviez à choisir, votre ancien rôle à celui que vous jouez maintenant.

« Il serait impossible, Madame, de vous peindre l'impression que produisit sur nous cette vive, spirituelle, sardonique repartie, ce rapprochement de l'illustre vicomte de Turenne avec le comte son homonyme. La contre-épreuve, si l'on peut ainsi dire, de l'erreur dans laquelle notre collègue avait feint de tomber, tout cela présenta un contraste si neuf, si parfait, si piquant, que tous, sans exception, nous nous laissâmes aller à une hilarité entraînante. Nous étions encore à rire, lorsque l'empereur, attiré par le bruit, arriva inopinément.

« Turenne est un très-bon compagnon; il eut

assez d'esprit pour saisir le seul rôle convenable; il rit avec nous de sa mésaventure, et prit avec une véritable effusion de cœur les mains du digne archevêque, et sembla accepter en expiation la sévère causticité de son jugement, lorsque, dis-je, l'empereur entra.

— « Hein! qu'est-ce? que se passe-t-il?

— « Hélas! rien, Sire, dit Nicolaï qui, bien que le meilleur d'entre nous, ne laissait guère passer l'occasion de lâcher son mot; c'est M. de Malines qui vient d'être reconnu duc de Roquelaure par notre collègue Turenne, et celui-ci, par compensation, a été créé par l'archevêque Henri de Bouillon de la Tour d'Auvergne vicomte de Turenne. Votre Majesté nous a surpris riant encore de cette réciprocité d'illustrations.

« Cette explication ne suffit point pour satisfaire la curiosité du maître; il fallut lui raconter la chose dans tous ses détails et il s'en amusa beaucoup.

« Cet épisode m'a un peu éloigné de mon sujet, les nominations dans la maison de Joséphine, que je veux compléter. Après la comtesse de Turenne venait la comtesse Octave de Ségur (1).

« Mesdames d'Oudenarde, de Viel-Castel, madame de Lastic, la belle et parfaite mademoiselle Annette de Mackau, qui ne fit que paraître, composèrent son service d'honneur (2).

« Le comte d'Harville avait été le chevalier

(1) On sait les malheurs de cette dame et l'infortune qui pesa sur sa maison. Le respect dû au malheur ne permet pas de s'y appesantir davantage ; je n'aurais d'ailleurs à signaler que les qualités de cette personne digne d'un meilleur sort et que plus tard elle a enfin trouvé.

(2) On peut lire avec fruit, pour connaître les changemens qui eurent lieu dans la maison de Joséphine, l'ouvrage de mademoiselle Avrillon, sur la cour de l'impératrice ; tout y est vrai, exact, net, sans réticence, sans arrière-pensée ; il y a de la grace, du trait, de la gaîté dans le livre sur l'impératrice Joséphine, par madame Georgette Ducrest ; mais c'est un roman historique dans lequel l'héroïne s'est donné un rôle qu'elle n'a pas rempli. La politesse exquise de mademoiselle Avrillon en laisse entrevoir plus que sa bonté ne veut en dire ; du reste la fiction, sous la plume de mademoiselle Georgette Ducrest, a tant de charmes, qu'on peut lui pardonner de ne pas dire toujours la vérité.

d'honneur de l'impératrice; lui et madame de la Valette, dame d'atour, demandèrent leur congé. On nl es remplaça pas.

« MM. de Beaumont, de Turpin-Crissé, de Viel-Castel, de Montholon et de Lastic, sont chambellans. Leur amabilité, leur amour des arts donnera de la vie à la cour de Joséphine. On apprécie leur dévoûment.

« Le baron de Monaco sera le premier écuyer; il a pour collègues le comte de Portalès, le baron de Dandelot et M. de Guitry : ce sont d'excellens choix ; je doute pourtant que ces messieurs puissent s'accorder ensemble. L'intendant général est Pierlot (depuis il a fait banqueroute) ; le secrétaire des commandemens, M. Deschamps.

« Le croiriez-vous? madame Gazzani reste lectrice.... elle!... oui elle; jamais il n'y a eu d'attachement pareil : ces deux femmes sont inséparables, et cela parce qu'elles ont aimé le même homme et qu'elles en ont été aimées. »

La lettre que je viens de reproduire contenait encore quelques unes de ces particularités, piquantes à leur époque, mais qui ne signifient plus rien, séparées des circonstances auxquelles elles se rapportent; c'est pour cela que je les omets. Quant à madame Gazzani, son histoire est trop connue pour que j'entre dans aucun détail à son égard. La pauvre femme plus d'une fois avait inspiré de la jalousie à Joséphine; celle-ci s'en était seulement vengée par ces petits coups d'épingle que les femmes administrent si bien; elle eût pu alors en tirer une vengeance éclatante; mais, bien loin de là, Joséphine se montra sa protectrice et devint son amie après avoir vu en elle une rivale: « Soyons amies, lui dit-elle, restez avec moi; nous le regretterons et nous parlerons de lui ensemble. » Dès lors on les vit inséparables, confondant leurs pensées, leurs espérances, leurs soupirs respectables par ce sentiment épuré. Elles restèrent toujours les deux femmes préférées par Napoléon.

L'année 1809 finit sous ces tristes auspices. Tandis qu'on pleurait à la Malmaison, la famille impériale n'était pas plus heureuse. A une haine assouvie succédèrent des retours inévitables sur soi-même ; pour les frères de l'empereur, plus d'espoir de régner un jour sur la France, et ses sœurs présumèrent qu'une nouvelle impératrice ne les admettrait pas dans sa confidence. Joséphine ne les avait jamais repoussées ; elles avaient vécu dans son intimité ; jamais elle ne leur avait fait sentir la supériorité de son rang ; et elles allaient se trouver pour ainsi dire étrangères aux Tuileries où elles paraîtraient en cérémonie et selon le rang que leur assignerait l'étiquette.

La reine de Naples, la grande-duchesse Élisa, madame-mère, avaient des moyens de s'en consoler ; mais la princesse Borghèse, qui tenait toute sa position de la faveur de son frère, voyait avec dépit dans quel discrédit elle allait tomber ; elle s'en désespérait sans pour cela en être plus prudente.

A cette même époque, on me recommanda un jeune Languedocien fort joli garçon, mais sans fortune ; doué de la plus intrépide bonne opinion de soi-même, très-fort de sa personne, et ne manquant pas d'un certain esprit, de ce genre d'esprit qui consiste à faire beaucoup de sottises sans en dire jamais, et qui conduit à la fortune ceux qui ne trouvent pas sur leur chemin des gens capables de leur donner une bonne leçon. On aurait dit que mon jeune homme avait mis en pratique la sentence que me répétait fréquemment dans ma jeunesse une vieille parente à moi, qui avait beaucoup vu la société : « Mon enfant, évite surtout le ridicule ; sois aimable, et on te pardonnera tes vices. »

Mon Languedocien, âgé de vingt-quatre ans, comptait sur la vertu de son âge pour faire son chemin. N'ayant ni père ni mère, il avait un aïeul maternel, qui ne lui avait point épargné les conseils. Je lui en donnai peu, mais je voulus, comme les Lacédémoniens, lui inspirer l'horreur du vice en lui montrant le vice dans sa plus hideuse nudité. Pour cela, je le menai au Palais-Royal, sous les infernales galeries de bois ; je remontai deux fois avec lui la galerie vitrée qui conduisait, au milieu d'un double rang de bouges infects, de l'angle du jardin jusqu'à la Comédie-Française. Dans cette promenade, que je n'ose point appeler philosophique, et qui le fut cependant, je lui expliquai, autant que je pus le faire, le spectacle dégoûtant qui se déroulait sous nos yeux. Il en conçut, faut-il le dire? une horreur que je n'éprouvais plus moi-même, tant les angles de mes susceptibilités morales étaient arrondis. Cette épreuve réussit.

Depuis ce temps-là il se livra à d'utiles travaux. Je le vis souvent. Il s'occupa, fréquenta les Français et l'Opéra; se lia avec des jeunes gens bien nés, avec des vieillards illustres; alla aux bibliothèques, aux musées; enfin je fus content de lui.

Un matin, il entre chez moi. J'avais fini mon service; je reposais paisiblement; son visage était toujours calme, son regard paisible, son sourire indifférent:

— M. le comte, pourriez-vous m'écouter.

— Toujours, sans doute, et aujourd'hui plus aisément que jamais; je suis mon maître. Qu'avez-vous à me dire?

— Je vais dans une maison connue, chez la baronne de Ven.....

ment d'attention, puisque je connais si bien le lieu de la scène.

— Un homme d'esprit, M. de......... blanche, m'a présenté dans cette maison; il me mena d'abord chez la baronne qui, le lendemain, m'a introduit auprès de la vicomtesse.

— Et tour à tour? c'est la règle.

— Là je fus étonné des noms que l'on faisait sonner à mon oreille, les plus beaux de la monarchie, les plus marquans parmi ceux des étrangers; je vis des femmes charmantes; et, par un singulier effet du hasard, toutes celles qui sont jolies sont malheureuses, tandis que les riches sont vieilles et laides à faire peur.

— Mon bon Gustave, cela tient à une chose: c'est que les hommes vont là, les uns pour prendre, et les autres pour être pris. C'est, comme vous voyez, une honnête compensation.

— Je vous remercie beaucoup, M. le comte, de ces renseignemens; ils coïncident merveilleusement bien avec l'aventure que je venais vous demander la permission de vous raconter.

— Dites.

— J'étais depuis une heure ou deux dans cette maison, un peu embarrassé de ma personne, lorsqu'un homme d'une cinquantaine d'années environ, mais très-bien conservé et distingué dans ses manières, prit sans doute mon isolement en pitié.... je le crus du moins. Il m'accabla de politesses, me parla de ses chevaux, de son élégant cabriolet et me demanda mon adresse. Je la lui donnai sans hésitation. Le lendemain, ayant trouvé sa carte chez moi, je crus de mon devoir de lui rendre sa visite. Il était chez lui. Un valet bien mis m'annonça, et j'entrai dans un appartement meublé avec une somptueuse élégance.

D'abord je fus surpris du ton de familiarité avec lequel m'accueillait un homme que je connaissais à peine.

— Mon cher, me dit-il, vous arrivez à propos; je vous mène ce soir souper avec moi.

— Je refusai; mais il insista si vivement, que je promis de revenir le prendre à l'heure indiquée.

Le soir, il me mena, à ma grande surprise, dans une maison de bains, et me dit :

— Nous serons six convives.

Il ne me les nomma point. Le premier qui arriva après nous fut un prétendu médecin qu'il appela *le docteur*, facétieux personnage, chantant, riant aux éclats, et qui me sembla créé et mis au monde pour jouir de la vie, en compensation peut-être de celle de ses malades. Un moment après la porte s'ouvre de nouveau, et je vois paraître une femme sans âge précis, jeune par sa toilette et ses minauderies, plus que mûre quand on a scruté son visage à travers le blanc et le rose factice dont il est recouvert. Elle affectait une grande supériorité sur le docteur et le chevalier Ribert, mon introducteur bénévole.

On n'attendait donc plus que deux convives, quand le tintement de la sonnette se fit entendre :—La voilà! la voilà! dirent, d'une commune voix la beauté émérite, le docteur et le chevalier. Elles étaient deux, et cependant on n'annonça que madame Hélard. Je ne fis aucune attention à sa compagne. A dater de ce moment je ne vis plus qu'elle.

Oh ! Monsieur, qu'elle est jolie, svelte, élégante ! que de graces, que de finesse, quelle peau, quels yeux, quelle merveille ! tout mon corps frémit ; mes sens, mon cœur, mon ame étaient suspendus. Je la regarde avec ivresse ; je la contemple avec délire. Quel rôle vais-je jouer? Qui est-elle ? la maîtresse du docteur chez lequel je croyais que nous étions, ou bien celle du chevalier Ribert? Je crois que je l'aurais étranglé de rage, si j'en avais eu la certitude.

La bienséance m'engagea à regarder sa compagne ; elle est bien, très-bien, belle peut-être, mais quelle différence avec madame Hélard ! Où elle est, peut-on trouver un autre objet d'admiration ? Mon bonheur veut qu'on me place à sa droite.

Jamais de ma vie je n'ai assisté à un souper aussi fin, aussi délicat ; il y avait une profusion des choses les plus exquises, des vins les plus rares. Le service était d'ailleurs si élégant, si riche en porcelaines, en vermeil, en cristaux éblouissans, que j'eus peine à me figurer que tout cela appartenait au docteur. Cependant je gardai long-temps le silence, plus par prudence encore que par timidité; car, en vérité, tout cela ne me paraissait pas naturel. J'étais toutefois le plus à mon aise de tous les convives; les autres paraissaient devant madame Hélard, d'une humilité qui m'intriguait beaucoup. Quant à celle-ci, elle parut se complaire aux familiarités polies que je me permis auprès d'elle, à mesure que la générosité chaleureuse du souper m'enleva mes premières craintes. Elle riait, elle était gaie, fantasque; elle avait d'étranges caprices.

Que vous dirai-je? les heures s'envolaient avec une incroyable rapidité, quand tout à coup je la vis pâlir. —Je suis morte, dit-elle d'une voix éteinte. Elle avait perdu connaissance. J'allais l'enlever dans mes bras, quand le chevalier, s'emparant de moi, m'entraîna violemment dans une pièce voisine.—Au nom du Ciel! m'écriai-je alors, quel est cet ange si ravissant, et qui paraît si à plaindre?—C'est, me répondit-il avec un calme dont je reconnus l'affectation, c'est une de mes parentes ; une dame atteinte d'une maladie qui n'a rien de dangereux, mais qui la fait horriblement souffrir, quand elle est dans de certaines dispositions ; je cherche à la distraire.....

Comme il me parlait ainsi, la dame qui était arrivée la première, vint chercher le chevalier. Il sortit aussitôt, et celle-ci resta avec moi. Dès que nous fûmes seuls, elle m'accabla d'une série de questions sur mon rang, ma naissance, mon âge, ma famille, mes études, mes projets à venir; elle eut l'air de prendre note de tout, et enfin me congédia en prétexant l'heure avancée. J'obéis après avoir exprimé mes regrets, mon désespoir, avec une vivacité qui me valut un sourire.

—Allons, me dit-elle, partez, soyez tranquille et surtout sage; espérez dans votre avenir.

Ému de ces paroles bizarres, j'en aurais demandé l'explication, si on ne m'eût pas enjoint de me retirer; je le fis. Le reste de la nuit, loin d'être paisible, fut singulièrement agité. Le lendemain de bonne heure, je vis paraître le chevalier; il m'apportait de bonnes nouvelles ; l'accès de madame Hélard avait été court, et elle reposait.

— Je la quitte, ajouta-t-il, elle m'a parlé de vous.

Cette assurance me charma. Je chargeai le chevalier de la remercier et de solliciter la faveur d'aller lui rendre mes devoirs chez elle.

— Oh! chez elle! dit Ribert, et il se mit à rire.

Quelques jours se passèrent..... Un matin on m'engagea à me rendre au musée Napoléon; j'y courus. J'y vis madame Hélard accompagnée de sa belle amie; je m'approchai d'elle, et nous causâmes tout en nous promenant dans ces salles où sont entassées tant de merveilles. Parvenus à l'extrémité de la grande galerie, nous nous assîmes un moment au milieu des chefs-d'œuvre de l'école italienne, et, au bout d'un quart d'heure à peu près, ces dames me quittèrent en me recommandant de ne pas les suivre.

Ma troisième entrevue a eu lieu au Jardin-des-Plantes. Le mauvais temps nous contraignit à chercher un asile dans un hôtel garni ; nous croyant guidés par le hasard dans cette recherche, je ne fus pas médiocrement surpris, lorsque, étant entrés dans une maison de la plus modeste apparence, je me trouvai dans un petit appartement orné avec un goût exquis ; mais ce qui mit le comble à mon étonnement, ce fut d'y voir la plus âgée des femmes du souper, qui semblait nous attendre. Elle se retira... Que vous dirais-je de plus ? Depuis ce moment je n'ai plus revu le docteur, ni aucune des dames ; j'ai été vingt fois chez le chevalier sans pouvoir le rencontrer ; je l'ai de même cherché en vain chez la baronne Ve... On ne l'a pas vu.

Je n'ai rien dit de cette aventure à personne, et mon intention était de la tenir à jamais secrète, lorsque, il y a une quinzaine de jours, une dame d'une réputation assez équivoque me prit à part chez madame de Ve... et me questionna sur la manière dont je passais mon temps. Je lui fis de ces réponses banales que commande la politesse, mais qui ne compromettent point; quoique je ne lui eusse pas fait même une demi-confidence, elle me parla, du ton de l'intérêt le plus vrai, du danger qu'il y a à être l'objet des préférences des grandes dames, des *très-grandes dames*, ajouta-t-elle en appuyant sur ces derniers mots, ce qui, je vous l'avoue, m'intrigua beaucoup.

— Je parierais, poursuivit-elle, que vous avez été le héros de quelque mystérieuse aventure; je ne vous demande pas votre secret; mais, si je ne me suis point trompée, je vous engage à rompre une intrigue qui pourrait devenir pour vous fort dangereuse. Il y a des familles qui se vengent cruellement des atteintes portées à leur honneur.

Je la remerciai de ses bons avis en l'assurant que, n'ayant aucune liaison de la nature de celles dont elle parlait, je n'avais nulle raison de m'inquiéter. Elle hocha la tête et changea de conversation.

J'avais précisément pour le lendemain rendez-vous avec ma belle amie. — Es-tu brave? me demanda-t-elle aussitôt qu'elle me vit. A cette question inopinée, je me contentai de répondre que je croyais l'être. — Oh! oui, tu l'es, tu ne craindrais pas un vilain jaloux. O Gustave! je meurs si tu renonces à moi.

Elle pleura, se désola; jamais elle ne fut plus séduisante. Les attaques de son mal paraissaient suspendues; au moment de nous séparer elle me serra sur son cœur, et me dit avec une incroyable exaltation : — Tiens, je t'arme, mon chevalier; sache te défendre. En disant ces mots, elle me remit une magnifique paire de pistolets à deux coups et un poignard italien de la plus grande richesse.

Surpris, confondu : — A quoi bon ces armes? dis-je; il me semble qu'une croix étrangère, car je n'ai pas mérité celle de France, me conviendrait mieux pour jouer le rôle de chevalier.

Elle sourit, puis me répondit :

— Cet ornement ne défendrait pas ta vie.

— Qui la menace?

— Il y a des fous, des furieux... Affronte tout, je te soutiendrai.

Ces paroles, M. le comte, me surprirent; je ne leur donnai pas pourtant l'importance qu'elles méritaient. Nous nous séparâmes, je sortis... Mes yeux machinalement se portèrent sur un individu d'une figure désagréable et dont la mise était négligée; il marchait près de moi sans me quitter, attachant toujours ses regards sur ma personne; je m'en étonnai.

Je fis des visites. Cet homme ou d'autres que je remarquai également m'escortèrent sans relâche: cela me fit réfléchir.

Le soir même, j'allai aux Français... descendant avec la foule, je vis une main armée d'un couteau pointu, se diriger vers mon flanc droit; par un mouvement rapide, je me jetai de côté et j'eus le bonheur d'esquiver le coup. Je me précipitai dans la foule, et en même temps j'entendis crier à l'assassin. C'était un homme placé près de moi qui venait de recevoir dans le bras le coup destiné à ma poitrine. A ce cri, le criminel, que je vis distinctement, et ses complices s'éloignèrent. Alors, mu par un sentiment de conservation bien naturel, je me précipitai hors du théâtre et [illegible] de toute ma vitesse jusqu'à mon logement.

Depuis ce guet-à-pens j'ai revu madame Hélard; elle a frémi du danger auquel j'avais été exposé, et, sans me dire son nom, elle m'a avoué que le sien n'était pas celui qu'elle portait. Avant hier au soir, un coup de pistolet m'a été tiré comme j'entrais dans mon hôtel; la balle a frappé le marteau de la porte. Enfin, hier matin, ayant été, sur son invitation, faire une visite à madame G... de V..., elle m'a conseillé d'aller prendre l'air de la province. *Vous devez vous apercevoir*, m'a-t-elle dit, *que, depuis quelque temps, celui de Paris ne vous convient pas.* Mes instances n'ont pu la rendre plus communicative. En la quittant, j'ai couru à mon rendez-vous ordinaire. Ma belle inconnue a pâli, pleuré, s'est récriée; elle veut absolument que je ne la quitte pas, et m'a proposé de me donner pour m'accompagner deux hommes dont elle est sûre, et capables de me défendre au besoin. Cette surveillance me répugne; en même temps je suis plus amoureux que jamais. Dans cette cruelle perplexité, je veux prendre un parti, et c'est ce qui m'a déterminé à venir réclamer l'assistance de vos conseils.

Je prenais quelque intérêt à Gustave; cet intérêt redoubla, après qu'il m'eut franchement raconté ses embarras. Ne voulant point cependant approfondir ce que j'entrevoyais de mystérieux dans son aventure : — Mon ami, lui dis-je, madame de G... vous a donné un bon avis, et ce que vous avez de mieux à faire est de vous y conformer. Quittez Paris, prétextez des affaires qui vous appellent immédiatement en province. Allez à Toulouse, en Italie, vous serez bien reçu à Florence et à Naples; amusez-vous ailleurs, et ne joûtez pas avec des ennemis cachés, puissans et redoutables.

— Qui sont-ils?

— Question inutile, périlleuse; qu'il vous suffise de savoir qu'ils existent, qu'ils agissent, et qu'ils peuvent vous perdre.

— Mais si je m'éloigne on croira que je fuis?

— On dira que vous êtes sage, c'est l'essentiel; je vous en conjure, partez demain. Dînez aujourd'hui avec moi, vous coucherez ici.

Il hésita; l'amour, la témérité, l'audace agitaient le cœur du jeune homme : le mystère de l'intrigue, les charmes de la dame, la crainte de passer pour poltron, tout le retenait. Il refusa mes offres, à l'exception du dîner pour lequel il me promit de revenir.

Dès qu'il fut parti, je montai en voiture, et me fis conduire au plus vite au ministère de la police, où je racontai tout au duc d'Otrante. Lorsque j'eus fini :

— Ce fou, dit-il, se perdra par sa faute. J'ai pris des mesures, je l'ai fait prévenir de son danger, il y succombera. Voulez-vous que je le fasse arrêter?... on criera à l'arbitraire, à l'injustice, alors qu'on devrait me bénir. On est souvent bien injuste!

— Votre Excellence a raison.

— Voilà une femme qui se figure qu'elle aime ce pauvre diable, et elle l'envoie à la mort.

—Cependant, Monseigneur, n'y aurait-il pas quelque moyen?

— C'est bien difficile. Savez-vous ce que c'est que l'action de la police?... Moi qui la dirige, j'en suis souvent effrayé. C'est la boule de neige qui devient une avalanche et écrase l'homme sur lequel elle tombe. Je donne un ordre; celui qui le reçoit de moi le grossit; descendant de supérieurs en subalternes, chacun de ceux qui le transmettent l'amplifient; tous croient faire preuve de zèle; et, parvenu à ceux dont l'action passive n'a plus qu'à exécuter, ils frappent et croient avoir servi l'État. C'est un mal affreux, mais il est à peu près sans remède.

Je vous confie, M. le comte, les secrets du métier; ils vous font voir comment on se porte aux plus cruelles extrémités contre le vœu manifeste du souverain. L'exagération ambitieuse fait tout le mal; chacun sert à sa manière.

Je fus frappé de ces paroles; le duc, sans se trahir, m'en dit assez pour me convaincre du péril auquel était exposé mon jeune imprudent. Un parent de la belle dame, sévère sur le chapitre des mœurs, ne voulait point de ces passe-temps de galanterie ; il avait intimé sévèrement ses intentions, et, selon la coutume, elles étaient outre-passées.

Je revins contristé de chez le ministre ; je voyais une famille éperdue. Quelques mois de prison eussent accommodé l'affaire ; mais quel moyen ? notre amour de la légalité nous perd.

Gustave vint dîner. Je le conjurai de nouveau de veiller à sa sûreté ; je le trouvai encore plus intraitable : il fit le jeune homme, c'est-à-dire, l'extravagant.

— A vous la faute, lui dis-je, et à vos amis les regrets.

Il prit congé... A minuit on vint de la part de son maître d'hôtel garni m'annoncer que des gens inconnus avaient rapporté chez lui, sur un brancard, M. Gustave de T..., frappé de neufs coups de couteau. J'accourus, on posait les appareils ; la quantité de sang versé laissait l'étourdi sans connaissance. Une semaine s'écoula avant qu'il pût parler.

Trois individus l'avaient assailli sur la place Saint-Eustache; il s'était vigoureusement défendu; mais le nombre l'ayant accablé il s'était évanoui. Ce fut tout ce qu'il put dire devant moi et le commissaire de police. A peine entré en convalescence, je l'expédiai avec un compagnon sûr à son aïeul; il n'a revu Paris qu'en 1814. A son arrivée à Toulouse, on lui remit une boîte où il trouva des bijoux de grand prix, et des diamans pour une valeur de cent mille écus. Il les envoya à la personne qu'il supposait l'auteur de cette générosité; mais elle lui répondit qu'il était à cet égard dans la plus profonde erreur, de sorte que la boîte lui revint avec tout ce qu'elle contenait. Il en voulait consacrer le prix à la fondation d'un hospice : des revers de fortune le contraignirent d'y chercher une ressource, et ce fut son premier châtiment.

CHAPITRE IV.

Le divorce consommé, on connut bientôt le nom de la princesse chargée de perpétuer la lignée impériale. On sut que l'ambassadeur d'Autriche, prince de Schwartzemberg, instruit qu'une nouvelle femme devait entrer dans le lit de Napoléon avait réclamé la préférence pour la fille aînée de son souverain. Il se présenta avec tant de franchise, avec une si pleine confiance, que, sa proposition flattant d'ailleurs la pensée secrète de Napoléon, on cessa de négocier avec la Russie qui, sans refuser, éludait une réponse définitive. Ainsi fut décidée l'alliance du vieil empire avec l'empire nouveau.

Certes, dans cette union, la maison de Rodolphe de Hapsbourg dut reconnaître combien un pareil hymen lui était avantageux. Un mariage la sauvait de sa ruine totale; désormais la couronne du roi des Romains ferait cause commune avec la couronne héréditaire du futur roi de Rome; l'aigle à deux becs et à quatre griffes de l'Autriche (*aquila griffagna che dui becchi porta per meglio divorar*), ne dévorait plus à la vérité; mais elle ne craindrait plus d'être dévorée par l'aigle jeune et vigoureux auquel suffisaient deux serres et un seul bec.

Le grand Napoléon se montra peut-être faible en cette circonstance solennelle; il laissa éclater trop visiblement la joie personnelle que lui causa cette alliance. Celui qui, à la table du duc de Saxe Weymar, devant une réunion de têtes couronnées de vieilles couronnes, avait si glorieusement rappelé le temps où *il avait l'honneur d'être simple sous-lieutenant d'artillerie*, l'empereur des Français, le roi d'Italie, le protecteur de la confédération germanique, le médiateur de la confédération suisse, l'héritier de Charlemagne, enfin, ravala la fierté de ses œuvres devant de vieux souvenirs, et reconstitua l'orgueil du passé. La couronne d'Autriche allait être étayée sur la sienne, et il croyait en recevoir un appui qui ne fut que trop mensonger.

La plèbe de France, cette partie de la nation qui vit, pullule, mange et digère, salua cette alliance de son ignare approbation. Le clergé y vit un sacrilége; la noblesse, une barrière élevée contre le retour de ses anciens rois; les républicains honnêtes, des causes de remords au souvenir de Marie-Antoinette; et les révolutionnaires, les chances d'une vengeance qu'exercerait peut-être un jour la nièce, pour laver le sang de la tante. La cour ne fut point satisfaite; la famille impériale le fut encore moins; elle se sépara de l'empereur et le laissa seul cajoler sa fraîche épouse qui ne venait sans doute que pour s'emparer de l'influence que les Bonaparte perdaient sans retour.

Les femmes de la nouvelle cour se représentèrent l'impératrice future, avec les idées les plus féodales ; on fit courir le bruit qu'elle n'admettrait dans son intimité, parmi les dames françaises, que celles dont les maris avaient fait leurs preuves avant 1400 ou 1399. Ce conte, tout absurde qu'il était, prit d'abord de la consistance ; il ne fut rejeté que quand la composition de la maison de l'impératrice fut connue.

Avant de la faire connaître, cette maison qui devint la source de tant de brigues, il faut que je dise un mot de celle de l'empereur, augmentée singulièrement à cette époque, et qui brilla d'un éclat que depuis on n'a imité que très-imparfaitement.

Grand aumônier. Le cardinal Fesch, frère de madame-mère et oncle de l'empereur. On a fait courir sur son compte nombre d'histoires ; je l'ai vu ecclésiastique sage, régulier, pieux, tenant bien son rang dans les différends survenus entre la tiare et la couronne impériale. Il se fit voir toujours plus guelfe que gibelin. Napoléon le savait et disait en riant :

— Je crois que si mon oncle recevait du pape l'ordre de me faire pendre, il me pleurerait sans doute, mais n'en procèderait pas moins à l'exécution.

Il disait encore dans une autre circonstance, en parlant du même cardinal.

— Il était Suisse, j'ai voulu en faire un Français, mes efforts ont abouti à le rendre ultramontain; il est plus papiste que le saint père lui-même.

Premier aumônier. Le baron de Laroche, évêque de Versailles.

Aumôniers ordinaires. Le baron de Pradt, archevêque de Malines, sans bulle. Le baron de Broglie, évêque de Gand. Le baron Jauffret, archevêque d'Aix. M. Fournier, baron de la Condamine, évêque de Montpellier. Le baron de Boulogne, évêque de Troyes; tous ces ecclésiastiques de haut rang ont fait parler d'eux. M. de Pradt, après avoir adulé son maître, fut un des premiers à insulter au lion mourant.

M. de Broglie, factieux à la maniere de Thomas de Cantorbéry, montra toujours plus de zèle que de science, plus de bon vouloir que de valeur. Courtisan à son début et flatteur éhonté, il a fait ensuite le père de l'Église. Brouillon, inquiet, peu instruit, il a été à charge pendant toute sa vie aux gouvernemens qui tous à l'envi le comblèrent de faveurs.

M. Jauffret fit moins de bruit, et se dévoua au service de l'empereur. Son zèle lui réussit mal ; du moins on ne blâma ni ses mœurs, ni sa vie privée, ni son innocence, et on l'excusa, persuadé qu'on était qu'il croyait agir dans la plénitude de son devoir.

L'évêque de Montpellier commença par être une victime de Napoléon ; persécuté, mis aux fers, il en sortit par la volonté du prince qui, mieux éclairé, le nomma son aumônier et l'appela à un siége important. Éloquent, rempli d'humanité et de tolérance, prêchant la morale de l'évangile, il ne se souvint plus du passé et servit Napoléon avec un zèle et une fidélité qui ne se sont jamais démentis.

M. de Boulogne, orateur du premier ordre, apôtre prêchant avec succès la parole divine, humble, éclairé, érudit, tourna ses qualités contre son bienfaiteur. L'empereur trouva en lui un adversaire implacable. Il dut sévir; ce fut en vain : l'irascible et dévot prélat ne ploya point.

Chapelains. MM. les abbés Lucotte et Rauzan. Celui-ci, missionnaire célèbre, a été un des ennemis les plus actifs de l'empereur, et son mérite égala sa haine. Depuis il se consacra à Dieu, et, par ses vertus, ses talens, rendit à l'Église d'importans services.

Maître des cérémonies de la chapelle. Monsieur l'abbé Gaston de Sambucy, homme de haute naissance. Il était doué d'une capacité singulière qu'il développait merveilleusement dans l'exercice de ses fonctions; armé de son livre de bois, il commandait au haut et bas clergé les évolutions les plus difficiles. Il triompha au sacre, il se surpassa au mariage. L'empereur disait que c'était le meilleur tacticien qu'il eût connu. Il en a, ajoutait-il, le sang-froid, la présence d'esprit, les illuminations soudaines. J'ai vu ses automates s'embrouiller; un autre y aurait perdu la tête; lui soudainement réparait le désordre par une manœuvre improvisée qui aurait fait honneur à un général d'armée.

L'empereur l'en félicita plusieurs fois, et se disposait à l'appeler à un évêché, quand advint sa chute. L'abbé de Gaston en aurait été digne. Humain, charitable, bienveillant, poli, il compte beaucoup d'amis et peu d'ennemis.

Grand maréchal du palais. Le duc de Frioul, Duroc.

Préfets du palais. Le Comte de Lucay, *premier*; le comte de Beausset, le baron Saint-Didier.

Maréchaux-des-logis. Le comte Philippe de Ségur. Le baron de Canouville.

Grand chambellan. Le comte de Montesquiou

Fezenzac, chef de sa noble maison d'origine mérovingienne, ce que je crois malgré les méchans. Il était parent du marquis de Montesquiou, premier écuyer de M. le comte de Provence, depuis Louis XVIII, et de l'abbé de Montesquiou, agent général du clergé, et devenu en 1814, pour le malheur de la France, ministre de l'intérieur.

Le comte de Montesquiou Fezenzac, l'un des plus grands seigneurs du royaume, par sa naissance d'origine royale, a de l'esprit, de la mesure, de la probité. Il n'a point fait de faute, n'a dit aucune inconvenance; il a joui sous Napoléon d'une haute faveur appuyée sur celle de sa femme qui fut, comme on le sait, gouvernante du roi de Rome. Cette dame illustre s'est attiré la vénération publique dans cette charge élevée et difficile. Elle avait imprimé à l'auguste enfant, dès son bas âge, un amour du bien et de la vertu qui eût porté son fruit. Ni fausse, ni flatteuse, étrangère aux lâches complaisances, sévère et indulgente à la fois, elle aurait recueilli l'estime d'un grand peuple, en retour de la bonne et première éducation, celle qui influe sur toute la vie, qu'elle avait commencé à donner au fils de Napoléon.

Un jour, le très-jeune prince, livré à un accès de violente colère, se roulait sur le tapis de sa chambre, en poussant des cris de fureur.

— Qu'on ferme les fenêtres et les portes, dit la sévère gouvernante, de peur que si les Français voyaient le fils de l'empereur dans un état si indigne de lui, ils n'en veuillent plus pour leur prince.

— Ah! grace, grace, maman *Quiou*, s'écria le roi de Rome, je serai sage. Mon Dieu! que deviendrais-je, si je déplaisais aux Français et à papa? Telle fut la réponse connue de l'enfant.

Si, dans la catastrophe de 1814, l'impératrice eût écouté les conseils de la comtesse de Montesquiou, peut-être son fils régnerait sur un trône, dont l'ont fait uniquement descendre la faiblesse de sa mère et les avis malencontreux de la duchesse de Montebello.

Dans les fonctions de président du corps législatif, auxquelles le comte de Montesquiou Fezenzac fut promu lors de la disgrace de M. de Fontanes, il fit preuve d'un excellent esprit de conciliation, de prudence et de sagacité, imposé par le maître. Il fit oublier sa nomination par ses rares qualités. C'est un des hommes dont on a le moins parlé, et auquel on n'a pas rendu justice.

Chambellans. A l'occasion de son mariage, l'empereur en porta le nombre à cent. Les désigner tous et par leur titre serait fastidieux. D'ailleurs un grand nombre de ces messieurs n'appartiennent plus à la France.

Là figuraient les plus beaux noms de la Pologne, du Brabant, de l'Italie, du Piémont, enfin de tous les pays annexés à l'empire et qui avaient doublé l'étendue de son territoire. Je laisse ceux-ci de côté pour m'occuper seulement et très-succinctement des chambellans français mentionnés dans l'almanach impérial de 1811, où l'on trouve le tableau le plus complet des diverses maisons impériales.

M. de Rémusat était premier chambellan de l'empereur. A ce titre étaient jointes les fonctions réparties autrefois entre les quatre premiers gentilshommes de la chambre du roi. Il poussait l'économie jusqu'à la parcimonie, ce qui lui fit enlever successivement plusieurs de ses attributions. Il conserva la suprématie des théâtres, mais il perdit *la garde-robe* que l'on donna à M. de Turenne avec le titre de *maître de la garde-robe*. Là était compris le vestiaire. C'est entre les mains du comte de Turenne, mon collègue, que j'ai vu ce fameux compte relatif aux pantoufles impériales que l'empereur ou son subordonné faisait ressemeler et raccommoder pour son usage. M. de Turenne ne me démentirait pas. MM. d'Aubusson de la Feuillade, de Brigode, de Talleyrand, de d'Arberg, de Viri, de Croy, de Bondy, de Saint-Simon Courtomer, de Gavres, d'Angosse, Germain, Dumanoir, de Contades, de Pérégaux, de Mun, de Kergariou, de Praslin, de Montguyon, H. de Montesquiou, de Nicolaï, de Marmier, de Lostanges-Beduer, de Miramont, de Louvois, de Montholon-Sémonville, de Belissen, de Rambuteau, Songis de Pange, de Montaigu, de la Vieuville, d'Alsace, de

Turenne, Just de Noailles, Albert de Braucas, Charles de Gontaut, de Saint-Aulaire, de Grammont, Trion de Montalembert, du Saillant, de Croix, d'Haussoville, Auguste de Chabot, de Beauveau, de la Briffe, de Moreton-Chabrillant, de Lascases, de Vaugrenand, de Dorsenne, Curial, Walther, Guyot, de Saint-Sulpice, Larriboissière, de Montault, Anatole de Montesquiou.

Certes, à côté de noms obscurs, de noms nouveaux, de noms illustrés tout à l'heure par la victoire, il s'en trouvait de bien anciens, de très-illustres, et que l'on trouve au premier rang, à toutes les époques de notre histoire. Le dernier fils du grand chambellan unissait à un talent agréable pour la poésie des formes remplies de graces et d'urbanité. Quoiqu'il fût très-jeune, on voyait déjà en lui un homme essentiel. Depuis, attaché à la maison d'Orléans, il a tenu parole, et il est resté le protecteur des littérateurs et des artistes dont son instruction et son goût exquis sont très-capables de juger les œuvres. Heureux même s'ils pouvaient le consulter plus souvent!

Mon opinion sur le comte Anatole de Montesquiou Fezenzac est d'autant plus désintéressée, que je l'ai perdu de vue, et que certes il a sans doute oublié jusqu'à mon nom. Je ne vois pas pourquoi sa position m'empêcherait de lui rendre la justice qui lui est due.

Secrétaires du cabinet. MM. Mounier et de Ponton.

Bibliothécaires. L'abbé Denina et M. Barbier.

Directeur des théâtres de la cour. M. Paër.

Grand écuyer. Le duc de Vicence (Caulaincourt), homme cruellement calomnié, dont on a rendu pénible la brillante carrière, qu'on a chargé de l'assassinat du duc d'Enghien, quoiqu'il en fût bien innocent, comme je l'ai dit en parlant de cette époque. Cependant la calomnie, ne voulut jamais lâcher prise; chaque fois qu'une lumière éclatante montrait à découvert l'évidence de ce mensonge, on le recommençait sur nouveaux frais. M. de Caulaincourt, était remarquable par ses vertus, ses brillantes qualités, son patriotisme, sa diplomatie toute française; il sut concilier la finesse avec la bonne foi. Ministre des relations extérieures, il se montra digne de ces hautes fonctions qu'il exerça à la satisfaction des cabinets européens; il était excellent ami et parfait dans sa famille.

Le premier écuyer. Le comte de Nansout.

Ecuyer commandant. Le comte de Foulaire.

Écuyers. MM. de France, Vathier, de Casini, d'Audenarde, d'Arlincourt, de Saluces, de Saint-Aignan, de Lamberty, d'Héricy, de Montaran, d'Andelot, Charles de Lagrange, de Menou, de Narbonne, de Mesgrigny, de Spare, de Leneps.

Gouverneur des pages. Le baron de Caulaincourt, frère du grand écuyer.

Aumônier. L'abbé Gandon qui a laissé de si honorables souvenirs.

Pages. De Sambucy, était le premier; de Saint-Hilaire, le second; on en comptait quarante-cinq en 1811; et, en général, il y avait dans ce nombre, moins de noms de familles anciennes françaises, que dans les autres parties du service; par contraste, de beaux noms étrangers y abondaient. La faveur avait seule jusqu'alors présidé à ce choix; mais déjà les cartons étaient remplis de demandes d'admission aux pages de la part des plus antiques maisons de l'empire.

Grand veneur. Le prince de Neufchatel et de Wagram. Sous lui, avec diverses qualifications, le baron d'Hanneucourt, les barons de Bongars, de Caqueray, le comte de Girardin, le chevalier de Beautern.

Grand maître des cérémonies. Le comte de Ségur. La réputation de ce grand officier de la couronne impériale était établie, soit comme littérateur, militaire, diplomate, administrateur, homme du monde et d'intérieur; il acheva honorablement sa longue carrière, fidèle aux princes malheureux; dédaigné de la restauration, il la punit en ne la servant pas. *Les regrets de l'Europe ont honoré sa tombe.* Son éloge funèbre est dans ce seul mot.

Introducteurs des ambassadeurs. Le comte de Seyssel d'Aix, les barons de Cramayel, Duhamel, de Prié, d'Aignant Jule, homme de lettres, qui s'est remué beaucoup, ce qui ne lui a pas servi pour sa renommée.

Hérauts d'armes. Du Verdier, chef ou roi, Paschal, Sallengros, Larchez, Audran.

Intendant-général. Comte Daru. L'empereur était en général heureux dans ses choix. Le comte Daru fut, sans contredit, l'un des hommes les plus remarquables de l'époque; administrateur infatigable autant qu'habile, il occupait dans les belles-lettres un rang honorable. Sa traduction d'Horace sera toujours lue avec plaisir; son histoire de Venise sera long-temps le meilleur ouvrage composé sur cette ville célèbre. Estimé, apprécié de ses collègues, aux intendances de l'armée, au conseil d'État, à l'Académie française, il se montra intelligent ministre dans l'administration de la guerre. Plus tard, investi de la confiance de Napoléon et devenu ministre secrétaire d'État, il déploya dans ces fonctions ardues une supériorité de vues peu commune; mais, ne pouvant abonder dans un sens politique qui n'était pas le sien, il dut se retirer et emporta dans sa retraite, sinon la pleine satisfaction, du moins l'estime de son maître qui ne cessa jamais de le recevoir avec affection, et qui s'appuya de ses conseils dans toutes les circonstances difficiles.

Premier médecin. Le baron Corvisart, grand théoricien, praticien médiocre, avait introduit la philosophie dans la pratique de la science; il voulait arriver par la paix de l'ame à la guérison du corps.

Napoléon disait: Corvisart parle à ses malades de Platon et de Socrate, et, au lieu de les droguer, il leur fait un cours de morale. Au reste fait-il mal? ce qu'il y a de certain, c'est qu'il console, et c'est beaucoup.

Corvisart était excellent, bienfaisant par nature, simple dans ses goûts, plein de foi en l'art d'Hippocrate; les plaisanteries sur la médecine le contrariaient vivement. Je lui ai entendu dire: « Quand je vois jouer le Misanthrope et le Tartufe, je voudrais oublier que Molière a insulté à la médecine. Ah! Monsieur, il est bien fâcheux que ce grand homme ait été un calomniateur. »

Corvisart avait épousé la veuve d'Helvétius, d'une des plus grandes familles de Lorraine, mademoiselle de Ligneville. Cet hymen de sagesse, de bon sens, lui avait donné un rang auquel il n'était pas insensible; mais, nourri à l'école encyclopédiste, l'aveugle niait Dieu. Il croyait à la matière : ce fut une fatale erreur. Oh! que Voltaire a jeté de perturbations! après lui et, à son exemple, ceux qui ont imaginé de faire un Dieu *pour les honnêtes gens*, c'est-à-dire sans culte, sans théogonie. Dieu doit être un pour l'érudit comme pour l'homme au cœur simple, pour le génie et l'idiotisme, pour le riche et pour le pauvre, aux yeux du monarque et aux yeux de l'esclave.

Le chevalier Hallé, homme d'un grand mérite, était le médecin ordinaire de l'empereur.

Trésorier général de la couronne. Le comte Estève. J'ai raconté sa fin déplorable, son hallucination étrange.

Intendance générale du domaine extraordinaire. Comte Defermont; celui-ci, à qui je ne reproche de manquer de conduite, ni de mérite, ni de prudence, ni de sagacité; qui à ces qualités en joignait d'autres non moins précieuses, était au nombre des parvenus à qui la fortune et les titres avaient fait tourner la tête; sa vanité était, on peut le dire, féroce. Celle du comte de Tuffière auprès de la sienne eût été d'une naïve simplicité. Il n'y avait dans sa salle à manger qu'un fauteuil, c'était celui de *M. le comte;* dans le salon qu'une bergère, celle de *M. le comte*; il s'en trouvait bien encore quelques unes à l'écart, mais c'était seulement pour les supérieurs de *M. le comte;* elles n'apparaissaient que quand une belle visite en exigeait l'emploi, et elles disparaissaient aussitôt la visite finie.

Ces vaniteuses extravagances, ces stupidités, pour les appeler par leur nom, convenaient d'autant mieux à *M. le comte*, que le père de celui-ci vendait au détail du cidre, et que *M. le comte* lui-même, ayant débuté par être *saute-ruisseaux*, se trouvait simple procureur au moment de la révolution. Je ne sais où il a connu le vicomte de Choiseul, l'un des plus malins seigneurs de la vieille cour, et sur le compte duquel je sais une foule d'anecdotes plaisantes. Ce vicomte, vieux et furieux de l'être, pauvre, après avoir trois ou quatre fois mangé son bien, couvait une haine implacable contre M. Defermont. Un jour, passant à pied dans sa rue, il aperçoit plusieurs voitures aux armoiries nouvelles, stationnant à la porte de sa victime; il entre dans l'hôtel, se nomme; son nom produit l'effet d'une trompette, et, malgré la râpure de son habit et la poussière de ses souliers, il est introduit.

Le valet lui présente une simple chaise.

— Mon ami, dit-il, j'ai une plus longue habitude du fauteuil que ton maître; en voilà un, j'y serai bien. C'était en effet celui *d'un comte* qui venait de sortir et qu'on n'avait pu enlever encore; il s'y pavane au grand désespoir de Defermont et à la jubilation des autres visiteurs qui étaient les comtes de Cauclaux, Dubois-du-Bay, Treillard et Corvetto; puis, entamant la conversation :

— Hé bien, mon cher, quoi de nouveau? Nous vieillissons; mais quelle différence! je tire le diable par la queue; vous lui avez pris sa bourse. Quel beau chemin vous avez fait! Cauclaux, savez-vous l'histoire de ce compère? c'est aujourd'hui M. le comte; son digne père en faisait, mais sur une ardoise et avec de la craie. Le calembourg est mauvais, j'en trouverai de meilleurs. Defermont père disait que, quand le vin était tiré, il fallait le boire, axiome productif qui aidait à vendre son cidre. Le fils, notre cher comte, tirait la langue aux chalands, et faisait devant eux la roue, des tours de voltige, voire même d'escamotage; et, par ces agréables passe-temps, achalandait la taverne paternelle. Que vous en semble, Messieurs? n'est-ce pas une chose estimable que d'être parti de si loin pour arriver si haut; que d'être parvenu à nous recevoir dans un hôtel où tout abonde à l'exception des fauteuils? Une autre fois, si le cher ami le veut, je poursuivrai ma narration; mais j'ai promis de la compléter chez la duchesse de Brissac. J'y vais : on m'attend. Au revoir. Vous viendrez dans mon trou, M. le conseiller d'État, et vous y verrez, malgré ma misère, des fauteuils pour le duc de l'ancien régime et pour le simple chevalier du nouveau.

Cette bordée lâchée, il se lève et court encore, laissant le maître du logis dans une rage extrême, et les auditeurs un peu déconcertés. Defermont faillit mourir d'un accès de vanité rentrée.

Ce vicomte Choiseul donnant un jour le bras à une dame de R...., assez jolie, très-coquette, pour ne pas dire plus, et connue par son peu de propreté individuelle, s'avisa de dire à des élégans qui l'environnaient : Messieurs, poussez votre pointe, l'occasion est bonne; elle a une chemise blanche, je la lui ai vu mettre et ne l'ai pas quittée depuis. Qui sait quand pareille circonstance reviendra !

Madame de Staël avait pour ami, au commencement de l'émigration, le comte de Narbonne que nous avons vu ministre de la guerre sous Louis XVI, et qui depuis a joué un assez grand rôle à la cour de Napoléon. Cette dame possédait déjà une partie de la célébrité qui depuis n'a fait que s'accroître; on la croyait en péril à Paris, et on eût voulu qu'elle émigrât; ses amis s'en inquiétaient, car elle était si connue, qu'on la reconnaîtrait certainement.

— Hé bien, dit le vicomte de Choiseul, qu'elle achève de se déguiser en vache; qu'elle monte ainsi affublée sur la voiture de Narbonne: il n'y aura pas un boucher qui n'y soit pris.

Le propos répété irrita la fille de Neker: elle riposta désobligeamment pour le vicomte de Choiseul qui s'en allait disant:

— Je ne sais ce que j'ai fait aux soldats-aux-gardes et aux forts de la halle; mais, depuis que je me suis brouillé avec madame de Staël, je les ai tous sur le dos.

Des semaines se passent; un jour, chez la pauvre princesse de Carency, les deux puissances belligérantes se rencontrent; dans le haut monde la haine se recouvre du manteau de la civilité, et on ne manque pas d'y être poli envers celui qu'on poignarderait volontiers. En vertu de cette règle qui rend si agréable cette société, madame de Staël et le vicomte se parlèrent.

— Il y a long-temps qu'on ne vous a vu, M. de Choiseul?

—Ah! madame l'ambassadrice, j'ai été malade.

— Vous?

— J'ai cru m'être empoisonné.

— Hélas! peut-être que vous vous serez mordu la langue.

Ce mot terrible, ce coup d'assommoir tomba comme une massue. Le vicomte de Choiseul en fut atterré au point de ne pas pouvoir trouver la réplique.

J'ai nommé la princesse de Carency, fille du comte de Rochechouart et dont les deux sœurs furent mariées l'une au duc d'Aumont, d'abord duc de Pienne, et l'autre au dernier duc de Richelieu.

Cette dame, digne d'un meilleur sort, avait fait un de ces mariages qui, au premier abord, enchantent. Le duc de Lavauguyon, son beau-père, chevalier des ordres, menin des trois petits-fils de

Louis XV, gouverneur des trois frères royaux, jouissait de l'amitié de ces princes. Une belle carrière s'ouvrait devant lui; combien on dût trouver sa bru heureuse.

Mais les travers du mari éclatent, et cet hymen, dont on attendait tant de prospérité, devient un enfer anticipé : cependant rien ne s'ébruitait encore. Un soir, le hasard fait arriver, de deux points de Paris, chez la duchesse du Chatelet, ce couple en si mauvais accord. Là étaient les duchesses de Luynes, de Villeroy, la maréchale d'Aubeterre, le cardinal de Larochefoucaud, la duchesse d'Anville, le duc de Liancourt, le duc de Villars Brancas, la duchesse de Choiseul, l'évêque de Couseran (M. de Lastic), les comtes de R.... d'U... père et fils, celui-ci encore vivant, ainsi que l'abbé de Pradt, depuis si célèbre.

Le prince et la princesse se parlent peu. D'abord la princesse se met à une table de jeu; le prince vient derrière elle et la prie de lui céder son équipage pour la soirée, prétextant qu'il a renvoyé le sien, un de ses chevaux étant malade. Madame de Carency, peu disposée à cette complaisance envers un époux pareil, refuse; elle a besoin de sa voiture, elle ramènera des dames à qui elle a promis. Bref, elle ne peut s'en passer; elle conseille de prendre un fiacre.

Ce n'était pas le projet du prince dont l'intention était de vendre à l'heure même et à son profit le carrosse, les harnais et les chevaux. Trompé dans son calcul, il s'irrite, s'échauffe; la conversation monte de ton.... Tout à coup à l'incroyable stupéfaction de la compagnie, le prince de Carency tombe à coups de chapeau et à coups de poing sur la princesse.

Voilà des cris, des exclamations qui s'élèvent; les femmes s'évanouissent, les hommes entourent M. de Carency, le poussent vers la porte, et la livrée de la duchesse achève sans ménagemens de l'expulser de l'hôtel. Ce fut une scène épouvantable, elle préluda à l'odieuse conduite du malheureux gentilhomme qui, plus tard, trahit si perfidement les secrets de son roi en laissant soupçonner la probité de son père. On sait comment, nanti, en 1795, de la correspondance de Louis XVIII avec Pichegru et d'autres agens en France, il la vendit au Directoire pour une misérable somme d'argent, ce qui provoqua la funeste journée du 18 fructidor.

Le scandale inusité que venait de causer le prince de Carency fit bruit au milieu de la révolution adolescente; c'était à la fin de 1790, ou au commencement de 1791, je ne puis préciser l'époque, quoique j'en aie été un des témoins; mais MM. de Pradt et de R..., qui s'en ressouviendront mieux, fixeront le jour s'ils le veulent; sur ce point, je m'en rapporte à leur excellente et prodigieuse mémoire.

C'est de ce malheureux prince qu'on a dit avec raison : *Il tacherait la boue.*

Dans je ne sais plus quelle circonstance, ayant aperçu Mercier en contemplation béate, je m'approchai de lui, et, lui prenant la main, j'allais l'arracher à sa rêverie :

— Laissez-moi, dit-il avec une sorte d'impatience; je prends le vice sur le fait, j'étudie le prince de Carency.

Cet infortuné, dans les dernières années de

sa vie, sentait si bien sa dégradation, qu'il dit à un homme d'honneur qui l'obligeait : Comptez sur ma reconnaissance et sur mes procédés ; en aucun lieu public je ne vous saluerai, ni ne vous adresserai la parole.

Sa femme, qui n'a eu de bonheur avec lui que le jour de sa mort, vécut heureuse et remariée avec M. de C... dont les procédés, les qualités aimables et le mérite, la dédommagèrent des douleurs de ses premières années. Elle est encore veuve.

Parmi les témoins de l'étrange scène que je viens de décrire, était le commandeur de Bayanne, frère du cardinal de ce nom, qui, ayant passé la meilleure partie de sa vie à Malte, à Palerme, à Catane, à Messine, à Naples, à Rome et dans le reste de l'Italie, y avait contracté, pour la musique ultramontaine, une passion qu'il poussait à l'excès.

Je me trouvai en tiers avec lui chez le cardinal Caprara et le diplomate Alquier, si républicain dans sa politique, et de plus sectaire de l'encyclopédie et des philosophes d'alors ; ces deux dilettanti, ces virtuoses, se disputaient avec un acharnement inexprimable sur le fait des castrats. Je ne sais quel décret impérial venait de mettre un terme à ce mode de recrutement, favorable à l'art musical.

Alquier l'approuvait au nom de l'humanité et des principes ; il déclamait à perte de vue sur un fait simple, qui procurait à la scène des voix délicieuses, en même temps qu'elle enrichissait le patient.

Le chevalier de Bayanne soutenait la cause de la musique, opposant un grand bien à un peu de mal, montrant les magnifiques dédommagemens que Farinelli, Crescentini, Veluti Marchési, par exemple, avaient retirés de leur infirmité. Enfin, poussé à bout par la morgue, la roguerie de son adversaire :

— Hé bien, soit, Monsieur, dit-il, que la philosophie triomphe, elle y gagnera deux...... dont elle ne saura que faire, et la musique y perd deux octaves que nous regretterons toujours.

A propos du comte Louis de Narbonne, je veux consigner ici une horrible anecdote qui rappelle trop, dans sa première partie, la cause qui exila le poète Ovide sur les rives du Bosphore.

M. le duc de V... B..., ami d'enfance de Louis XV, admis à tous ses plaisirs, jouissant des privautés de l'intérieur des petits appartemens, ayant ses grandes, ses petites entrées, allait et venait librement dans les lieux les plus reculés et jusque dans le sanctuaire où le roi s'isolait complètement de ses sujets. Un jour et de bonne heure, ne trouvant pas le monarque, il s'enfonce dans le *sanctum sanctorum*; avance au plus avant, enfin il pousse une dernière porte qui s'ouvre sans bruit, et il voit. . . . . Auguste avec Julie.

Frappé d'un coup de tonnerre à ce spectacle à la fois odieux pour tous et pour lui si funeste, il se recule, referme le battant tout de glace, sort des appartemens, quitte le chateau, se sauve à Paris, brûle des papiers, met ordre à ses affaires, persuadé qu'une lettre de cachet va l'envoyer à une autre Thomès en Scythie, c'est-à-dire à la Bastille où il avait droit d'être enfermé en faveur de sa pairie.

Un, deux, trois, quatre, cinq jours s'écoulèrent, et l'exempt, porteur de la fatale lettre de cachet, ne parut pas. Il quitta son lit le sixième, mit le nez sur la porte; le septième et le huitième, prenant à deux mains son courage, il alla à Versailles au grand lever.

— Qu'es-tu devenu ? lui dit le roi.

— Sire, j'étais malade.

— Es-tu rétabli ?

— Oui, Sire.

— Hé bien ! tu souperas avec moi.

Jamais le roi ne lui en dit plus; jamais madame A.... ne parut embarrassée devant lui. Il a toujours cru depuis, que, par un heureux hasard, il n'avait pas été vu ou reconnu ; il a lui-même conté cette aventure au comte de......, et elle m'est venue de ce dernier qui m'en a garanti la veracité; elle afflige le cœur, mais elle explique la naissance du comte Louis de Narbonne. Sa mère prétendue, en l'adoptant, aurait fait un acte de dévoûment sublime. Je rapporterai plus tard quelques autres particularités à ce sujet.

CHAPITRE V.

AVANT de me laisser aller au plaisir de raconter des anecdotes qui auront au moins le mérite de la nouveauté, j'aurais dû achever de compléter le tableau de la maison civile de l'empereur. Un seul service me restait à signaler, celui du *secrétaire de l'État de la famille impériale* : il était échu au comte Regnauld de Saint-Jean d'Angély, conseiller d'Etat, président de section, etc., et l'un de ceux qui, ayant le plus long-temps conservé la confiance de l'empereur, s'en sont montrés les plus dignes.

La maison militaire établie sur une échelle gigantesque ne rentre pas dans mon plan. Je ne signalerai que les quatre *colonels généraux* : le maréchal Davoust prince d'Eckmülh ; le maréchal Soult, duc de Dalmatie ; le maréchal Bessières, duc d'Istrie, et le maréchal Mortier, duc de Trévise.

Les aides-de-camp, en 1812, étaient MM. Lemarrois, Lauriston, Caffarelly, Rapp, duc de Plaisance, Bertrand, Lobau, Reille, Gueheneu, Durosnel, Hogendorp.

Les officiers d'ordonnance. MM. de Montesquiou, de Chabrillant, de Mortemart et de Monmorency. C'était à peu près les seuls à qui nous eussions affaire.

La maison de l'impératrice, dans les différens services, fut composée de la manière suivante :

Premier aumônier. Le prince alors comte Ferdinand de Rohan, ancien archevêque de Bordeaux et de Cambray. J'ai parlé de lui assez pour le faire connaître. Homme des plus ordinaires, sans aucune vertu d'éclat, il n'avait pas su se réhabiliter pendant la révolution, pour la part qui lui revenait des fautes commises par sa famille. Faible, timide, vaniteux, préférant la mauvaise compagnie à la bonne, on le rencontrait rarement où il aurait dû être, et trop souvent où il n'aurait pas dû se montrer; on le voyait avec peine tenir un rang si au dessous du sien. Ce nom de Rohan devenait difficile à porter, depuis la trop célèbre aventure du cardinal archevêque de Strasbourg.

Dame d'honneur. La maréchale Lannes, duchesse de Montebello.

C'est avec regret que je vais énoncer ici une opinion rigoureuse sur cette dame illustre que tant de renommée environne, et qui en est si digne. Certes je ne descendrai pas à la justifier des ignobles calomnies qu'une jalouse malignité a osé lancer sur elle. Jamais Napoléon ne déshonora la femme et même la veuve d'un de ses compagnons d'armes; c'est avec douleur que j'ai vu la petite vanité d'une duchesse formuler ce reproche à son égard envers l'homme le plus sévère et le moins reprochable dans ses mœurs.

Assez de conquêtes augustes avaient signalé la puissance des charmes de madame d'A...., et certes il n'est pas nécessaire d'y joindre celle de Napoléon. Non, ce grand homme n'aurait pas souillé la couche de son ami, de son soldat dévoué. Cet affront te fut épargné, ô J...., et ton maître, qui t'aimait tant et qui était si digne de ton idolâtrie, n'a pas fait rougir son front de la légèreté de l'irréflexion; une familiarité trompeuse, voilà ce qui aveugla une femme charmante, toujours vertueuse, et qui certes n'eût pas plus cédé, qu'elle ne fut attaquée.

Cet incident n'est pas aussi étranger à l'article de madame la duchesse de Montebello qu'il le paraît; car les mêmes considérations repoussent ce que la calomnie a mis en avant pour justifier le choix impérial concernant la dame d'honneur de Marie-Louise.

Voici ce que je peux dire, ce que je tiens du

prince archi-chancelier qui me le dit à Bruxelles où nous nous rencontrâmes en 1818.

J'étais en visite chez ce haut personnage. Le peintre David était venu le voir, on parlait de Marie-Louise. Un Belge, le comte de B....., qui se trouvait présent, avança que Napoléon avait choisi sa maîtresse pour surveiller sa femme.

—Vous êtes, Monsieur, dit le prince dans une étrange erreur. Je vais la détruire, car je dirai ce que j'ai su, non d'autrui, mais de l'empereur lui-même. Lorsqu'il s'agit de former la maison de la nouvelle impératrice, Napoléon, qui m'honorait de toute sa confiance, me consulta en cette circonstance, comme en tant d'autres, et voici ses propres paroles :

—On demande de tous côtés la charge de dame d'honneur; j'ai cent onze placets tous soutenus, tous protégés; dans le nombre, cent quatre appartiennent à des gens de l'ancienne cour; sept seulement proviennent de la nouvelle. Ici on est encore humble à cause du mari. La plus grande dame parmi les concurrentes est la princesse de Wagram et de Neufchatel; elle est du sang de

Bavière. Assurément, si mon choix n'était pas fixé, je l'arrêterais sur cette dame de maison royale et si recommandable par ses vertus; mais elle est Allemande, voilà son vrai titre d'exclusion; il faut une Française pour une impératrice qui vient en France, afin qu'elle lui inculque des idées françaises. Quand je plaçai madame de Larochefoucauld auprès de Joséphine, mes compagnons de gloire crièrent ; ils eurent raison. Je cédais à ma femme dont les sentimens patriotiques m'étaient connus ; je n'avais pas à craindre qu'on les dénaturât. Aujourd'hui je prends une dame sortie de la bourgeoisie qui, par sa masse et ses lumières, forme véritablement la nation; mais je la relève par le grand éclat qu'a jeté son mari, l'un de nos héros dont la vie fut sans tache, qui est mort pour moi. J'ai étudié le caractère de cette dame; il est sévère, solennel même; elle est froide de tempérament, aussi n'en sera-t-elle que plus aisément vertueuse; sa réputation est intacte; la méchanceté n'a pu vivre à ses dépens. Elle est réservée, économe; elle dédaigne ces futilités qui tant de fois m'ont contrarié en Joséphine; je ne la verrai pas exciter ma femme à perdre ses journées avec des marchands, des faiseuses de robes et de modes se prétendant artistes. Tout cela ne se renouvellera plus. La duchesse de Montebello, car c'est elle que j'ai choisie, y mettra bon ordre. Connaissez-vous dans l'empire une femme dont le choix soit préférable ?

— « Sire, répondit l'archichancelier, j'aurais moi-même donné la préférence à madame la duchesse de Montebello.

— « Vous ne savez rien à son désavantage ?

— « Rien, Sire, et beaucoup de choses à sa louange.

— « Point d'histoire sur son compte ?

— « Aucune. On la dit fière, ce n'est pas un mal ; l'orgueil est le meilleur gardien des femmes.

— « Je pense comme vous.

— « La duchesse, repris-je, est sombre, sage, paisible, très-imposante ; elle tient son rang. Elle sait faire accorder la recette et la dépense ; elle méprise les aventuriers, les chevaliers d'industrie, ces créatures qui ont eu des malheurs, car c'est toujours le nom qu'elles donnent à la juste punition de leurs sottises; elle les tiendra à distance, et l'atmosphère de l'impératrice sera purifiée de tout ce que souffrait la trop bonne impératrice Joséphine.

— « Voilà, Messieurs, ajouta l'archichancelier, comment la duchesse de Montebello fut choisie, et quelles qualités sévères lui valurent la charge importante qu'on l'a vue remplir avec dignité. »

Voici maintenant ce que, selon moi, on a pu justement reprocher à madame de Montebello.

Dès qu'elle eut été placée auprès d'une princesse de la maison d'Autriche, le grand but de l'empereur fut manqué. La duchesse voulut s'emparer exclusivement de l'impératrice; loin de chercher à la *franciser*, ce qui eût été facile, elle agit de manière à la laisser telle qu'elle était. La dame d'honneur manifesta, au lieu de cela, une vive admiration pour tout ce qui touchait à la maison paternelle de Marie-Louise : elle étudia l'histoire des grandes familles des cercles de la Bohême, de la Hongrie, de toutes les provinces relevant du sceptre de François, et en entretint incessamment Marie-Louise, tandis qu'elle aurait dû tâcher de les lui faire oublier en lui parlant seulement de la France. Ainsi la France n'eut point, à proprement parler, une impératrice des Français, et l'empereur n'eut pour femme qu'une archiduchesse d'Autriche, dont les affections, les habitudes, maladroitement entretenues, restèrent toujours sur les rives du Danube. Cette faute grave eut de fatales conséquences.

En outre, l'esprit d'économie de madame de Montebello dégénéra en parcimonie; tout s'en ressentit, à l'exception des aumônes réglées qui n'en souffrirent point; mais ces dons de femme qui reçoivent un si grand prix de la main qui les dispense et que Joséphine répandait avec tant de grace et de profusion autour d'elle; mais ces secours à des familles malheureuses et qui avaient si long-temps prévenu les sollicitations, tout cela fut supprimé: la Malmaison et Navarre furent encore les lieux d'où émanèrent le plus de bienfaits; et le départ de Marie-Louise, ne changeant la position de personne, ne laissa de traces de deuil dans aucune famille.

Je ferai encore observer que l'impératrice n'accueillit bien aucune autre dame que la duchesse de Montebello. La chose alla si loin, qu'elle se montra froide, indifférente envers son fils qui, dans son enfance, ne l'aima point. Cela a été su de tout le monde; elle ne se le faisait amener qu'en cérémonie; jamais elle ne voulut jouir de ces caresses intimes et naïves de l'enfance, si douces pour toutes les mères et qui causaient tant de joie à Napoléon. Cet éloignement pour le roi de Rome était un peu la faute de la dame d'honneur effayée de l'influence qu'aurait pu acquérir la gouvernante.

Madame de Montesquiou était en effet l'épouvantail de la duchesse; elle aurait voulu lui ravir l'affection du fils, comme elle avait enlevé à celui-ci l'amour de sa mère, en un mot, se débarrasser de toute concurrence qui lui eût porté obstacle au jour prévu de la mort de l'empereur.

L'impératrice ainsi isolée, devint véritablement esclave au faîte du pouvoir; elle ne connut rien en France à qui elle pût prendre intérêt ; elle ignora nos formes, nos lois, nos usages, nos familles. Elle y vint étrangère, indifférente, et s'en retourna de même.

Cela explique cette froide et passive résignation qui l'accompagna en Autriche, et plus tard, quand elle alla si tristement régner en Italie.

Qu'on me permette de courts rapprochemens historiques qui me viennent à la mémoire. En Angleterre, Marguerite d'Anjou soutint avec une admirable chaleur la cause de son époux et de son fils ; parmi nous, la reine Blanche fut-elle Castillane, comme elle l'était de naissance ? Non. Elle se montra toute française pour soutenir les intérêts de son fils. Plus tard, les deux Médicis, Catherine et Marie-Anne d'Autriche, embrassèrent avec zèle la cause de la France, parce qu'en épousant des rois de France, elles s'identifièrent avec leur nouvelle patrie. La seule Marie-Louise a donné un exemple contraire que l'histoire impartiale aura le droit de flétrir. Et pourquoi ? Fut-elle seule coupable de sa faute ? n'agit-elle pas guidée par son seul conseil, sa seule amie? Marie-Louise resta inconnue à la France, parce qu'on ne la lui fit pas connaître. Elle ne fut rien par elle-même, ne put rien être; toujours soumise aux inspirations de sa dame d'honneur qui eût été derrière elle ce que le grand cardinal avait été à côté de Louis XIII, si, dans les circonstances difficiles, elle lui eût enseigné que quand on veut porter le sceptre d'une main il faut savoir de l'autre tenir l'épée. C'était le cas sans doute de lui rappeler son aïeule, la grande Marie-Thérèse. Oh! si, comme cette femme forte, elle l'eût voulu : *Pro rege nostro moriamur* eût été le cri de toute la France. Comment le souvenir de la grande ame du duc de Montebello ne souffla-t-il pas ce conseil à la veuve de l'illustre maréchal ? Comment madame Lannes, car ce nom est encore plus beau que l'autre, n'inspira-t-elle pas à sa compagne ces résolutions généreuses. L'empereur, qu'on le sache, quoiqu'on ne l'ait pas encore dit, eut alors une camarilla contre lui, non d'intention sans doute, mais de fait.

Si Marie-Louise quitta Paris au moment du

désastre, c'est qu'elle n'y fut pas retenue par sa dame d'honneur. Elle eût fait tout ce que celle-ci lui eût dicté; et la duchesse, après une responsabilité terrible aux yeux de l'histoire, trompée par les événemens, n'a recueilli d'une suite d'actes blâmables qu'une stérile amitié sans fruit et sans valeur, puisque des lois sévères ont rompu la chaîne dans laquelle elle avait lié ensemble l'impératrice et la fortune de la France.

Peut-être me trouvera-t-on austère quand je m'exprime ainsi; peut-être me blâmera-t-on: mais je remplis un devoir. Que me fait le reste? Je n'ai aucune animosité contre la duchesse de Montebello. Je rends hommage à son mérite, à sa vertu; mais, historien des dix années de l'empire, j'ai dû me soumettre aux seules inspirations de ma conscience en parlant de la duchesse de Montebello. Je reviens sans autre transition à la composition de la maison de l'impératrice.

Dame d'atours. Comtesse de Luçay.

Dames du palais. Mesdames la duchesse de Bassano, la comtesse Victor de Mortemar, la duchesse de Rovigo; les comtesses de Montmorency, Matignon, Talouët, de Lauriston, Duchatelet, de Bouillé, de Montguyon, de Perron, Lascaris de Ventimille, de Brignoli, de Gentile, de Canisy; la princesse Aldobrandini-Borghèse; les duchesses d'Alberg, d'Elchingen, de Bellune; les comtesses Edmond de Périgord, de Beauveau, de Trésegies, de Vilain XIV, Antinori Rinucci, Pandolphi Capone; la princesse Chigi et la comtesse Bonacarsi.

Chevalier d'honneur. Le comte de Beauharnais. Un aussi proche parent de Joséphine au service de celle qui l'avait remplacée était un de ces rapprochemens que l'empereur aimait.

Premier écuyer. Le prince Aldobrandini Borghèse.

Accoucheur. Le baron Dubois.

Gouvernante des enfans de France. Madame la comtesse de Montesquiou-Fezenzac.

Sous-gouvernantes. Les baronnes de Boubers et de Mesgrigny.

Médecin. Bourdois.

Chirurgien. Auviti.

En 1814, on parla beaucoup d'une conversation qui aurait eu lieu entre madame de Montesquiou et madame de Montebello. Si les bruits que j'ai recueillis sur ce point sont fondés, la gouvernante du roi de Rome aurait voulu engager la dame d'honneur dans une démarche éclatante qui aurait sauvé la cause de Napoléon. Elle n'en obtint que de vaines paroles et l'on sait comment les choses se passèrent au moment de la grande catastrophe.

Que l'on veuille bien me pardonner de m'être laissé entraîner à parler d'événemens postérieurs à l'époque du mariage de Marie-Louise; il y a des déviations d'idées dont on suit malgré soi le cours capricieux. Je reviens à mon thême.

La nouvelle impératrice fut rencontrée par Napoléon aux environs de Soissons. La reine de Naples, qui était dans la voiture avec elle, n'eut que le temps de lui dire :

— Madame, c'est l'empereur.

Déjà, il était à côté de sa jeune femme; certain premier moment, comme on l'appelle, fut moins pénible que s'il eût eu lieu accompagné des cérémonies de l'étiquette. La connaissance était déjà faite quand ils arrivèrent au palais de Compiègne. Le journal officiel avait annoncé que l'empereur habiterait le pavillon de la chancellerie; il n'en fut rien: la même chambre vit veiller ou dormir les deux époux.

Le lendemain, 31 mars, à cinq heures un quart, le canon de Saint-Cloud annonça dans cette résidence l'arrivée de l'empereur et de l'impératrice. Immédiatement après, l'empereur envoya à Vienne notre collègue, le comte de Praslin, chargé, pour sa majesté l'empereur François, de deux lettres, l'une de Napoléon, l'autre, de Marie-Louise.

La foule fut immense; on ne pouvait se retourner; les jardins, le château étaient encombrés. Une brillante illumination en faisait un lieu de féerie; la grande cascade jetait ses eaux par dessus les illuminations et produisait un effet magique.

Nous étions tous impatiens de voir notre nouvelle souveraine. Elle nous parut vraiment belle ce jour-là. Sa taille encore élancée, malgré son embonpoint prématuré ; sa blancheur éblouissante, son teint rosé, ses formes délicates, la sérénité de ses yeux, la fraîcheur de sa bouche, l'émail de ses dents, la firent passer pour une beauté. Nous admirâmes le bonheur de l'empereur; mais, quand nos yeux se reportèrent sur la physionomie des autres princesses de la famille impériale, nous n'y vîmes point l'expression du contentement que nous éprouvions. Toutes étaient présentes à cette entrevue officielle; toutes souffraient en voyant le singulier contraste qu'offrait l'empressement juvénile de l'empereur, opposé à la raide froideur de l'impératrice. Cette froideur, on la prit pour du dédain; on crut aussi, et la malveillance se hâta de propager cette croyance, que l'empereur voulait humilier les têtes couronnées de sa famille. On le crut bien plus encore, quand on vit la reine de Naples condamnée à porter la queue de la robe de Marie-Louise, fonction honorable seulement pour les pages. A Compiégne et à Saint-Cloud, il y eut des scènes très-vives à ce sujet, et dont je parlerai plus tard.

Maintenant, je crois devoir donner ici les

noms des parens de leurs majestés qui se trouvèrent à Saint-Cloud en cette circonstance.

Le mariage civil eut lieu à Saint-Cloud, dans la grande galerie. U[illegible]ne était dressé pour leurs majestés : [illegible] arrivèrent en grande pompe, pré[illegible]es des hérauts d'armes, des pages, des aides et des maîtres de cérémonies; les officiers de la maison du roi d'Italie, les écuyers, les chambellans, le gouverneur du palais, le secrétaire de l'État de la famille impériale, les grands officiers de la couronne d'Italie et ceux de France, les maréchaux, les grands dignitaires suivaient.

Il y avait en outre, les diverses maisons des princes, les dames d'honneur, d'atours et du palais de l'impératrice, tous les cardinaux présens à Paris; ils étaient plus de quarante avec les évêques et archevêques; le corps diplomatique, les ambassadeurs, les ministres de France et du royaume d'Italie.

Leurs majestés assises, la famille se rangea autour du trône dans l'ordre suivant : à droite de l'empereur, madame-mère, le roi de Hollande, le roi de Westphalie, le prince Borghèse, le roi de Naples, le vice-roi d'Italie, l'archi-chancelier, le prince vice-grand-électeur.

A la gauche de l'impératrice, les reines d'Espagne de Hollande, de Westphalie; la grande duchesse de Toscane, la princesse Pauline, le grand duc de Wurtzbourg, la vice-reine d'Italie; la grande duchesse de Bade, le grand-duc héréditaire de Bade, le prince archi-trésorier, le prince vice-grand-connétable.

Cambacérès, chargé de faire la cérémonie nuptiale, assisté du maire de la commune de Saint-Cloud, ayant fait à leurs majestés une profonde révérence, dit :

— Au nom de l'Empereur (ici leurs majestés se levèrent); Sire, V. M. I. et R. déclare-t-elle prendre en légitime mariage S. A. I. et R. Marie-Louise, archiduchesse d'Autriche, ici présente?

Napoléon, d'une voix forte, répondit : — Je déclare prendre en mariage S. A. I. et R. Marie-Louise, archiduchesse d'Autriche, ici présente.

Une interpellation pareille, les noms changés, fut adressée à la princesse qui répondit comme avait fait l'empereur.

Alors, l'archichancelier reprenant la parole :

— Au nom de l'empereur et de la loi, je déclare que S. M. I. et R., Napoléon, empereur des Français et roi d'Italie, et l'archiduchesse Marie-Louise sont unis en mariage.

Cela fait, on procéda à la signature du contrat de mariage; leurs majestés, les premières et sur leur trône; tous les autres parens, à leur tour, allèrent à la table préparée. L'empereur était en grand costume, et l'impératrice portait la couronne fermée.

Cette cérémonie fut imposante; la veille, un incident avait paru de mauvais augure : sur le théâtre de Saint-Cloud, pour leurs majestés qui venaient d'arriver, on avait joué *Zaïre*. De méticuleux observateurs trouvèrent singulier qu'on offrît d'abord à l'impératrice le spectacle d'un amant jaloux tuant sa maîtresse, et un monarque chrétien chargé de chaînes, mourant esclave d'un musulman. Ce fut bien pis le lendemain ! *Iphigénie* fut représentée ; Iphigénie, cette fille sacrifiée par son père à la raison d'État. L'allégorie parut tellement claire, que personne, dans la salle, n'osait s'entre-regarder. L'empereur s'en aperçut et cacha à peine sa mauvaise humeur qui eut pour suite la disgrace à peu près complète de M. de Remusat, pour avoir si mal composé son spectacle.

La presse, dont il ne faut point parler à l'occasion de l'empire, était muette par ordre; mais il circulait dans Paris des nouvelles à la main, dont on était fort avide. Je lus alors, et je rapporte ici ce que je lus dans une de ces gazettes manuscrites sur l'un des incidens du mariage de l'empereur.

« Nous doutons que les journaux officiels rendent compte d'une scène qui s'est passée aux Tuileries, le premier avril au matin. Madame, mère de l'empereur, qui aime sa nombreuse famille et qui s'applaudit de la voir si bien établie, avait chez elle, dans sa chambre à coucher, ce jour-là, les reines de Hollande et de Naples, la princesse Élisa, la princesse Pauline, les rois Louis et Jérome.

« Le malheur, qui rend tout commun, avait rapproché Hortense de ses belles-sœurs, vu l'urgence de se rallier contre la nouvelle venue. Là, et entre soi, on causait librement; chaque nouveau venu apportant un regret ou une nouvelle, fournissait un aliment à la conversation. Le roi de Westphalie étant entré le dernier :

« PAULINE. Où est ta femme?

« JÉROME, *en riant.* Laquelle?

« PAULINE. Celle d'ici, ta femme née princesse; celle qui en bonne règle serait ta concubine.

« JÉROME. Elle s'habille.

« CAROLINE. Déjà; elle est bien pressée de porter le harnais.

« MADAME-MÈRE. C'est le devoir de son rang; elle y est faite, et je crois que cette parure fastidieuse doit être subie par la royauté comme une de ses nécessités.

« ÉLISA. Votre Majesté hollandaise, que pensez-vous de l'archiduchesse?

« HORTENSE. Pourquoi voudrais-tu me faire parler à ce sujet ; mon devoir est de garder le silence.

« PAULINE. Dites-moi un peu ce qu'on loue en elle. Elle est blanche, fraîche, grasse comme toutes les allemandes, elle est hommasse déjà ; sa physionomie est sans expression. Je parie qu'elle ne fera pas mentir son visage et qu'elle est sans esprit.

« LOUIS. Elle y gagnera.

« MADAME-MÈRE. En quoi, mon fils ?

« LOUIS. Elle aura le bonheur de ne pas penser ; elle se croira heureuse.

« MADAME-MÈRE. Sotte et laide ou belle et aimable, l'empereur en est coiffé.

« PAULINE. J'en ai pleuré de colère ; on aurait cru à le voir qu'il sortait du collége.

« ÉLISA. Amoureux des ancêtres de sa femme, il se croira un vrai César.

« JÉROME. Ainsi donc hier il ne l'était pas ! Alors que sommes-nous ?

« CAROLINE. Mademoiselle de Beauharnais, qui se connaît en blazon, te le dira.

« HORTENSE, *riant*. Des gens d'hier arrivent aujourd'hui.

« MADAME-MÈRE. Mademoiselle de Beauharnais, puisqu'il faut faire nos preuves, les miennes ne cèdent pas aux vôtres; vous êtes issue d'anoblis français au XVIIe siècle. Nous descendons de souverains d'Italie, et peut-être venons-nous de plus haut. Je suis, moi, des comtes de Colalto; les Beauharnais ne valent pas mieux.

« PAULINE. Mon Dieu! pas d'éclats; nous allons éveiller sa majesté l'impératrice et reine; et, si elle nous accuse de sa migraine, mon frère nous congédiera.

« JÉROME, *peu à l'aise*. Je crains en effet que l'on nous ait entendus; on marche à pas précipités, et qui pourrait-ce être, sinon un messager de l'empereur ?

« L'anxiété fut un instant partagée par l'honorable compagnie; elle se rassura en voyant le roi de Naples. Il était vêtu d'une espèce de tunique de satin chamois, brodée en argent et ceinte d'une écharpe bleue, à broderies et à torsades d'or; il portait par dessus un manteau pourpre, brodé en argent, avec le collet et la doublure d'hermine; une riche agrafe le retenait autour du cou. Son épée, dont la poignée et le fourreau étincelaient de pierreries, était suspendue à un ceinturon couvert de rubis; sa chaussure consistait en bottines de velours pourpre, bordées de fourrures avec un gland de diamans. Une toque de la couleur de son manteau et environnée d'une couronne ouverte, en pierres précieuses, que surmontaient des plumes blanches et chamois, recouvrait sa tête; un pantalon collant, de soie blanche, avec une veste de même, brodée en or, complétait son costume. Il parut portant le front élevé, élégant, les traits vifs; ses cheveux noirs couvraient son cou. Il tenait à la main un journal qu'il faisait mouvoir. A son aspect, chacun se récrie, et madame-mère, avec plaisir: Mon Dieu, qu'il est brillant le roi de Naples!

« MURAT. J'avoue que pour courir le matin, ce costume est présentable.

« MADAME-MÈRE. Il saura ce qu'il lui coûte, son costume du matin.

« HORTENSE *à Louis*. Et vous êtes mis comme un bourgeois?

« LOUIS, *à voix basse*. Je ne joue plus la comédie.

« MURAT. Mais changeons de propos, ou nous suivrions la princesse Borghèse dans ses fantaisies de toilette; nous avons une question plus grave à traiter. Qui donc de la famille savait ce que je viens d'apprendre tout à l'heure par le Journal de l'Empire.

« TOUS. De quoi s'agit-il?

« MURAT. Que nous allons être avilis aux yeux de l'Europe; la dignité royale sera dégradée en nous.

« TOUS. Comment cela?

« MURAT. Lisez, mesdames les reines. Demain, à la cérémonie religieuse du mariage, à la chapelle du Louvre, vous porterez la queue de la mante impériale de votre auguste belle-sœur.

« A ces mots chacun, chacune de s'écrier; on en accuse les journaux, leur bavardage. Murat riposte en montrant un protocole en forme de programme, dressé et signé par le grand-maître des cérémonies. Ici le déchaînement devient à son comble : c'est une rébellion, une révolution consommée. Jérome surtout fait sonner le nom de sa femme; la princesse Pauline, hors d'elle-même, jure qu'elle mourra avant que de toucher à cette queue outrageante.

« CAROLINE *lui parlant.* Cela ne te regarde non plus qu'Élisa; vous n'êtes pas reines.

« PAULINE. Je suis mieux que reine; je suis noble par moi et par mon mari.

« MURAT, *riant.* Belle-sœur, vous êtes impertinente.

« ÉLISA, *en larmes, parlant à Murat.* Elle a raison, l'orgueil de votre femme est insupportable; elle ne cesse de nous jeter à la tête sa royauté. Est-ce notre faute si mon frère n'a pas voulu donner à nos maris des couronnes fermées; faut-il encore nous en faire un objet d'envie du matin au soir?

« LOUIS. Pauvre Élisa, sèche tes larmes; la couronne, crois-moi, a aussi ses épines.

« MURAT. Épines, soit, je les trouve souvent bien douces.

« CAROLINE. Et je servirai de domestique à ma belle-sœur!

« MURAT. De par Satan! cela ne sera pas. Je te défends de rien faire sans mon ordre.

« PAULINE. Allez, soyez toutes aussi fermes que moi, et ce... Ségur en sera pour son programme... Qu'il vienne, je le recevrai comme il faut.

« TOUS. Sa majesté impériale et royale ne manque ni de dames ni de chambellans.

« JÉROME. Je n'oserais jamais proposer à ma femme une pareille corvée.

« MADAME-MÈRE. Fils et filles, gendre et belle-fille, faites attention que Napoléon est accoutumé à l'obéissance. Il a tort dans cette circonstance; mais s'il persiste, vous obéirez.

« PAULINE. Les autres, soit; moi pas.

« MURAT. Plutôt que de me soumettre, je tirerai l'épée.

« MADAME-MÈRE. Mourat! Mourat! en campagne

tou es oun bravo; ma, devant l'imperatore, tou sarays oun coghioüe.

« L'accent corse, non déguisé cette fois, provoqua un rire fou, pour le roi de Naples comme pour le reste de la famille. On en était à ce moment d'hilarité lorsque les deux battans furent ouverts avec violence, et l'huissier de service annonça : l'EMPEREUR. A ce terrible mot, les souris cherchaient dans quel trou se mettre. Napoléon, tendre et prévenant pour sa mère, dit d'abord des gracieusetés ; il frappa amicalement la reine de Hollande à la joue, s'informa de la santé de Louis; puis, les ayant tous examinés en homme qui soupçonne ce qu'on traitait, il éleva la voix et leur adressant collectivement la parole :

— « De quoi donc parliez-vous tout à l'heure ? est-ce un secret pour moi?

Murat portait une belle épée, elle resta dans le fourreau; le stoïque Louis détourna la tête; Jérome fit des nœuds avec son mouchoir, et se retrancha derrière le fauteuil de madame-mère; Hortense baissa le front; la grande-duchesse de Toscane, la reine de Naples, se mirent à pleurer;

la seule princesse Borghèse grommela des mots inintelligibles :

« Napoléon alors, avec son timbre de tonnerre :

— « Madame la princesse Borghèse, expliquez-vous.

« PAULINE. Mes sœurs et moi, nous ne nous croyons pas faites pour porter la robe de ta femme.

« NAPOLÉON. Quoi, toutes ?

« CAROLINE. Ce serait avilir mon diadême.

« HORTENSE, *en pleurs*. Et je ne veux pas outrager ma malheureuse mère.

« NAPOLÉON. A merveille ! Et toi, Elisa, n'est-ce pas le reproche de ton auguste époux que tu crains ?... Vous ai-je bien entendues ?...., Mesdames, que vous devais-je, lorsque la France m'appela à régner ? Une fortune honorable, un titre à vos maris, vous eussiez été satisfaites ; nul n'eût crié à l'injustice, réclamé pour vous un rang supérieur. Qu'ai-je fait ? Je vous ai placées si haut... si haut, que la tête vous en tourne ; j'ai donné à vos maris, à vous-mêmes, ce qui peut-être n'appartenait qu'à la France : des royaumes, des principautés, de grands établissemens ; je vous ai comblées de richesses, de bienfaits, et, en retour, au lieu de me prouver votre reconnaissance, vous dites que je veux vous abaisser. Qu'êtes-vous sans moi ? Qui de vous se soutiendrait, si je ne lui tendais la main ? Oh ! vous le prenez sur ce ton; vos trônes vous appartiennent à titre féodal. L'archichancelier d'État va vous faire une signification légale, ou, pour mieux dire, à vos maris; quiconque voudra se soustraire à mes ordres sera considéré comme félon et mis au ban de l'empire.

« Napoléon prononça rapidement ces phrases véhémentes; sa poitrine haletait, ses yeux devenaient hagards, ses lèvres blémissaient...... Tous, consternés, gardaient un profond silence. Le roi de Naples seul, quelque peu blessé d'être confondu avec les autres frères de l'empereur qui n'avaient rien fait pour la gloire, voyant qu'il s'arrêtait, essaya de lui dire :

— « Il me semblait que mes services, que mes faits d'armes me donnaient droit....

« NAPOLÉON. A un bâton de maréchal de France, tout au plus. Avez-vous surpassé Masséna,

Lannes, Davoust, Kellermann? je vous le demande........ Lefèvre, Pérignon, même Soult? Non, certes; dès-lors, en toute justice, j'aurais dû les couronner avant vous. Vous ne devez votre royauté qu'au titre de mon beau-frère, si je n'étais pas là pour vous soutenir, comment resteriez-vous sur votre trône? Votre fortune dépend de la mienne. Rois et reines, rentrez dans le devoir, cédez, sinon...... Quant à vous, madame Borghèse, qui nous honorez par votre alliance, les fêtes du mariage terminées, vous partirez; mais, comme vous avez donné le signal de la résistance, vous obéirez la première. Ma volonté expresse est que l'on ait pour l'impératrice archiduchesse d'Autriche les égards dus à sa naissance et à son rang.

« Ayant ainsi parlé, Napoléon mit fin à cette scène en emmenant les trois rois, après avoir baisé au front madame-mère et fait à Hortense un signe de mécontentement que l'occurrence changea en un signe d'amitié. Pauline suffoquait; elle tomba sur le plancher, elle eut une violente attaque de nerfs; mais Corvisart, que

Napoléon lui expédia, eut soin de lui dire que, par ordre de l'empereur, elle eût le même jour à se bien porter.

« Ses sœurs et Hortense se dédommagèrent par des larmes; mais M. de Ségur leur ayant montré que ce qui les tourmentait tant avait eu lieu dans toutes les maisons royales, elles se déterminèrent à ce cruel effort de soumission. Une bonne ame, instruite de ce début, le rendit tout chaud à Marie-Louise, ce qui n'augmenta pas l'amitié faible qu'elle portait à ses belles-sœurs.

« Dès ce moment, elle leur fut malveillante, à la princesse Pauline surtout et à la reine Hortense que, dans son intérieur, elle désignait toujours par cette qualification, *la fille de la vieille.* Jamais non plus il ne lui fut possible de trouver une parole bienveillante pour la pauvre Joséphine; et il est extraordinaire que la duchesse de Montebello ne lui ait pas fait saisir cette voie si simple de se populariser; car les Français aimaient Joséphine et auraient su gré à celle qui la remplaçait des égards qu'elle lui aurait témoignés. »

Telles étaient les belles inventions dont on remplissait les gazettes à la main et dont je ne donne ici qu'un échantillon ; mais il doit suffire, pour faire comprendre la stupide ignorance de leur auteurs et la niaise crédulité des lecteurs qui ajoutaient foi à ces ridicules billevesées ; et pourtant, au fond de ces fables, il y a quelques parcelles de vérité.

CHAPITRE VI.

« La renommée a porté au loin les récits des fêtes magnifiques qui solennisèrent le mariage de l'empereur des Français avec la *fille des Césars.* » Cette phrase entra dans tous les protocoles, elle résonna pompeusement; la nation demeura indifférente, charmée néanmoins que Napoléon eût l'espoir de se voir revivre dans sa postérité, parce qu'elle y voyait un gage de sécurité pour l'avenir. Toutefois on ne partagea pas la satisfaction personnelle que lui causait cette alliance avec la maison d'Autriche.

Napoléon seul s'abusait sur la sincérité de la cour de Vienne. Dans je ne sais plus quelle circonstance, j'eus occasion de parler de cet hymen avec un Provençal qui avait habité la capitale de l'Autriche; il me dit:

— Ce mariage est un leurre. Maintenant l'empereur François va travailler en toute sûreté à nouer une coalition plus formidable; il la déterminera, en menaçant ceux qui ne voudraient pas y entrer de les anéantir de concert avec la France; je ne serais pas surpris si déjà les négociations étaient entamées avec l'Angleterre et le Nord.

Cette prévision me parut étrange. Mon Marseillais alors tira de sa poche la fameuse chanson de Martainville sur le mariage de Napoléon.

Quoique je n'aime pas beaucoup à donner de l'importance à ces sortes de puérilités, je rapporterai celle-ci, parce qu'elle est au moins aussi historique, en se rapportant à un grand événement, que les fameux Noëls que la cour et la ville se disputaient sous Louis XV et Louis XVI. Certes, je n'en approuve point le ton railleur et trop mordant; mais, cependant, n'est-ce pas là la véritable opposition française, sous les gouvernemens dont le despotisme n'est tempéré que par des chansons?

1.

C'est donc ben vrai qu' not' emp'reur
Épouse une princess' d'Autriche;
Faut ben qu'un si grand seigneur
S'unisse avec quelqu'un de riche.
Et puis c' t'homme a sa raison
Pour prendre une femme d'bonne maison.

2.

J'aurais ben gagé six francs
Qu'on n'y donnerait pas c'te fille,
Car il étoit d'puis long-tems
Si mal avec tout' la famille,
Qu'deux fois il leur fit par peur
Prendre Jacqu's Déloge pour procureur.

3.

J' voyons des mariag's comm' ça
De tems en tems à la Courtille:

D'abord on rosse l' papa,
Ensuite on couche avec la fille;
Et l' beau-pèr' n'a pas dit non
De peur d'attraper encore l'oignon.

4.

Pour elle il s'fit l'autre jour
Peindre en bel habit de dimanche,
Et d' gros diamans tout autour
Près d' sa figure, ah! comm' ça tranche!
La p'tit' luronn', j'en suis sûr,
Aime mieux le présent que le futur.

5.

Ah! comme all' va s'amuser,
C'te princesse qui nous arrive;
Nous allons boire et danser
Et nous enrouer à crier vive.
Ça s'ra l'idol' d' la nation,
Je l'avons lu dans la proclamation.

6.

Cependant sur mon honneur
J' plaignais c'te pauvre Joséphine;
All' fait contr' fortun' bon cœur;
J' suis sûr qu'au fond ça la taquine:
L' métier lui semblait si bon!
V'là qu'on l'oblige de vendre son fonds.

7.

Mais entre nous son malheur
Vient d' n'étr' pas en état de grace;
J'somm's si contens d' not' emp'reur,
Que j' voulons avoir chien d' sa race;
Il d'vrait, pour étr' sûr d' son fait,
Prendre une fille qu'en eût déjà fait.

8.

D' ces deux reines chacun' rendra
Tour à tour visite à l'autre;
A la jeun' l'ancienn' dira :
Moi j'ai fait mon tour, faites l' votre
Si vous n' travaillez pas mieux
A Malmaison y a place pour deux.

9.

J' tâch'rai d' nous placer c' grand jour
Pour bien voir les réjouissances;
D'puis qu' l'emp'reur chang' tout' sa cour,
J' n'avons pas autant d' connaissances;
Mais j'espérons par bonheur
Connaître encore quelques femm's d'honneur.

— D'où croyez-vous que me vienne cette pièce? me demanda alors mon Marseillais

Quand j'eus achevé la lecture de cette chanson, je priai instamment mon Provençal de m'en laisser prendre une copie. — Mon Dieu! me dit-il, j'en ai un autre exemplaire, gardez celui-ci, s'il vous fait plaisir; c'est la copie, ajouta-t-il, qu'on m'en a donnée à Vienne. Je le remerciai et mis dans ma poche la chanson que j'ai encore; je la rangeai parmi d'autres papiers sans y ajouter une grande importance. Je n'entrerais pas même dans ces détails, si je n'avais découvert depuis que, par l'effet d'un hasard que je ne saurais trop comment expliquer, la copie que je possède est écrite de la main de Martainville lui-même [1].

Quoi qu'il en soit, j'étais encore sous l'influence de cette révélation, lorsque je fus témoin des cérémonies qui consacrèrent la nouvelle alliance de Napoléon : elles furent, s'il se peut, plus somptueuses, plus splendides que toutes celles que j'avais vues précédemment, sans en excepter les fêtes du sacre, où le luxe n'était encore qu'à sa renaissance. L'entrée à Paris fut

[1] L'auteur a déposé entre nos mains cette pièce réellement autographe, ce dont pourront se convaincre ceux qui connaissent l'écriture de Martainville.

réellement d'une magnificence éblouissante. Ce beau luxe de troupes, qui faisaient la gloire et la force de l'empire, y fut déployé avec une pompe qui ne saurait avoir de terme de comparaison dans aucun pays et à aucune époque : l'esprit et la valeur de la grande armée étaient mieux représentés par la garde impériale que jamais nation ne le fut dans une assemblée qu'elle croit avoir élue, quelle que soit d'ailleurs sa dénomination. Après l'indication de cette richesse en braves et forts soldats ; de ces bataillons de fer vivans, je me donnerai bien de garde de parler de toutes les profusions de soieries, de dentelles, de broderies, de pierres précieuses et de bijoux qui brillèrent sans qu'il y eût de féerie comme dans les fabuleuses descriptions du royaume de Golconde.

J'ai dit quelle tempête avait éclaté dans Paris, durant cette nuit funèbre où tant de larmes coulèrent aux Tuileries, lors de l'accomplissement du divorce. Le jour du mariage de l'empereur avec Marie-Louise, le peuple put croire que son maître avait recouvré la puissance de conjurer les élémens. Dès le matin de cette grande journée, un brouillard épais couvrait la ville; un poëte eût dit que la nymphe de la Seine avait voulu se voiler; mais, au premier coup de canon qui annonça le départ de Saint-Cloud des deux augustes fiancés, la brume se dissipa comme par un effet magique, et le soleil brilla sans interruption sur la capitale où, la veille encore, soufflait le vent et tombait la pluie.

Le peuple cependant fut froid le long du chemin; peu d'acclamations autour de la voiture impériale, chef-d'œuvre de l'art; mais comment redirais-je l'enthousiasme qui éclata lorsque, arrivé aux Tuileries, l'empereur s'avança joyeux sur le balcon de la salle des maréchaux et présenta *sa femme* à la France?

Suivi des siens, de son immense cortége, il parcourut les vastes appartemens des Tuileries, se reposa un instant, puis traversa la longue galerie des tableaux remplie de femmes et d'hommes en habits de gala. Le coup d'œil en était superbe: à l'extrémité de la galerie, dans cette salle que l'on appelait déjà le salon d'exposition, on avait édifié une chapelle provisoire; cette chapelle était riche sans doute, mais, je dois le dire, décorée avec le plus mauvais goût; c'était un mélange d'étoffes de velours et de soie, dont les couleurs mal assorties présentaient à l'œil un bariolage fatigant, et, pour comble de maladresse, les franges, les glands, les crépines et les galons étaient en or faux. Les édificateurs de cette décoration, digne tout au plus des salons de Curtius, MM. Percier et Fontaine, furent unanimement sifflés, c'est-à-dire, comme ils méritaient de l'être.

Ce fut pendant la longue traversée de la galerie qui joint les Tuileries au Louvre, que les sœurs et belles-sœurs de l'empereur durent porter la fatale queue de la mante impériale. Je ne crois point exagérer en disant qu'elle avait plus de dix aunes de longueur. Au surplus, la dimension en avait été exactement calculée sur celles des anciennes reines de France. Durant cet acte de vasselage, nous pûmes tous voir des larmes rouler dans les yeux des princesses impériales; elles cherchaient même si peu à les dissimuler, que les spectateurs furent frappés de cette tristesse. Une mère de famille, ayant amené son fils âgé de dix ans pour qu'il vît cette cérémonie, j'entendis l'enfant, qui voyait de très-près les pleurs de la reine de Hollande, dire à sa mère : « Maman, tu dis qu'elle est reine et elle pleure ? Je croyais que quand on était reine, on riait toujours ? On dit, content comme un roi... »

La mère lui imposa silence. Je ne pouvais m'arrêter, faisant partie du cortége ; mais je fus frappé de cette remarque enfantine dont j'ai gardé le souvenir.

Le temps n'était plus où les reines pouvaient rire, si elles l'ont pu jamais. Marie-Antoinette n'a connu que d'horribles chagrins ; Marie-Leczinska a pleuré toute sa vie sur les infidélités souvent dégradantes du roi, son époux ; l'infante d'Espagne ne fut pas plus heureuse dans son union avec le brillant Louis XIV ; Anne d'Autriche régna dans l'affliction, et sa régence fut troublée ; que de revers fondirent sur Marie de Médicis ; elle, mère ou belle-mère des trois plus grands monarques d'Europe, les rois de France, d'Espagne et d'Angleterre, elle mourut presque dans la misère, à Cologne. L'histoire a enregistré les infortunes d'Élisabeth d'Autriche, de Louise de Vaudemont, femmes d'Henri III et de Charles IX; celles de Marie Stuart, veuve de François II, ont rempli la terre; et Catherine de Médicis, quelle existence de combats, de crimes, de remords! Il faut chercher Anne de Bretagne pour trouver une reine dont les jours furent sereins, et encore ne faut-il point oublier les larmes et les longs chagrins que lui coûta son premier mariage. Aux jours de notre jeunesse, quelle fut la destinée des deux sœurs qui épousèrent les deux fils de France, destinés à régner un jour sous les noms de Louis XVIII et de Charles X? Jeunes, elles ne furent point heureuses; l'une fut victime d'omissions involontaires, ce qui est une manière de pécher; l'autre, d'un cruel abandon; et toutes deux, princesses ou reines, elles finirent leurs jours dans l'exil. La vie de Joséphine fut une vie de larmes et de douleurs; quant à Marie-Louise, il faut souhaiter pour elle qu'elle se soit trouvée plus malheureuse encore.

Que dirai-je de la reine Caroline d'Angleterre, de la reine de Naples, sœur de Napoléon, de la belle reine Wilhelmine de Prusse, et de l'impératrice, si peu de jours veuve d'Alexandre? Je suis presque tenté de maudire l'enfant de la galerie du Louvre, dont le souvenir a suscité ces autres souvenirs. Rien de plus mensonger que sa croyance verbiale. Non! les reines ne rient point et les rois ne sont pas heureux.

Revenons cependant à la cérémonie du mariage de l'empereur. En entrant dans la chapelle nuptiale, d'un seul de ses regards scrutateurs, Napoléon dénombra toute l'assemblée. Il remarqua avec une humeur visible l'absence de plusieurs cardinaux; ces princes de l'Église se tenaient à l'écart pour deux motifs : d'abord la captivité du pape, et le mariage de l'empereur avec Joséphine, qu'ils ne regardaient point comme dissous. Cependant, il y eut scission dans le sacré collége; les absens protestèrent contre les infractions aux lois de l'Église; les autres, par leur seule présence, renièrent les droits du saint-siége en faveur des droits de la couronne impériale; parodie assez pauvre de la grande, longue et sanglante querelle des guelfes et des gibelins.

L'empereur prit la chose très au sérieux; il fit défense aux cardinaux récalcitrans de porter les insignes ordinaires de leur dignité, comme s'il eût été en son pouvoir de leur enlever leur caractère sacré; il les exila dans les plus petites villes de la France, sans leur laisser le loisir de se munir d'argent ou de papier. On suspendit leurs traitemens, on sequestra leurs revenus! mesures fausses et maladroites, moins inspirées par la politique que par un mouvement de colère. L'empereur oublia un moment que le plus grand véhicule que l'on puisse donner à l'Église, c'est l'apparence d'une persécution dirigée contre ses dignitaires. En effet, tant que les cardinaux entourèrent l'empereur, le public, les croyant déserteurs de la cause du pape, ne leur accorda que peu de considération, et leur influence fut nulle; disgraciés, leur rôle changea. Chacun des points de l'empire où ils furent disséminés devint un foyer de mécontentement. Ils eurent même les honneurs d'une désignation populaire; on les appela *les cardinaux noirs.*

Au surplus, ce dont je viens de parler ne s'accomplit qu'après le mariage. Ce jour-là, l'empereur fut bien dédommagé de la contrariété que lui causa l'absence des cardinaux par les acclamations du peuple et de l'armée. Dans la journée, une seule voiture circula dans Paris; ce fut celle de l'empereur ayant auprès de lui Marie-Louise, comme s'il eût voulu faire à sa jeune femme les honneurs de sa capitale. Que lui dit-il dans ce trajet? En visitant les lieux, en évoqua-t-il les souvenirs? en traversant la place Louis XV, lui dit-il : Là sont tombées les têtes de ton oncle et de ta tante? Il la promena sur les quais, sur les boulevarts, aux Champs-Élysées où le soir des milliers de lampions scintillèrent et prolongèrent le jour. La ville resplendissait partout illuminée; jamais pareil spectacle n'avait frappé à Vienne les regards de l'archiduchesse, mais ce qui dut surtout l'émouvoir ce furent ces preuves incessantes d'attachement et d'amour, vraies alors, qui partout saluèrent Napoléon sur son passage.

Les illuminations forment une partie intégrante obligée de toutes les fêtes; je serais presque tenté d'y joindre les vers de circonstance dont l'éclat ne survit guère à la lumière des lampions. L'hymen impérial absorba toutes les provisions luminaires des épiciers de Paris, et enflamma la verve de tous les poètes. Parmi ceux-ci on compte les plus illustres, et la palme appartient à M. Baour-Lormian. A Dieu ne plaise que j'aille exfoder ici des poésies de circonstance; mais puisque le hasard m'a ramené dans le domaine de la littérature, pour lequel je ne saurais cacher ma prédilection, qu'il me soit permis de m'y reposer quelques instans. Aussi bien ce fut pour la littérature une époque de profit en même temps que de gloire; Napoléon fit donner une gratification de trois mille francs à chacun des poètes qui chantèrent son mariage. Parmi eux on comptait : Legouvé, Millevoye, Campenon, Arnaud, d'Avrigny, Luce de Lancival qui se mourait, Chénier qui chantait encore, Bruignères du Var, Dupaty, Bouilly, Tissot, et nombre d'autres dont le nom m'échappe. M. Michaud jeune fut compris dans cette distribution des munificences impériales, non pas qu'il eût chanté *la gloire et l'hymen*; mais il venait de publier le treizième chant de sa traduction de *l'Énéide*, et ce fut un honneur pour ses confrères que de voir son nom attaché aux leurs.

De jeunes écoliers charmans et pleins d'esprit ont beau prendre à tâche de flétrir ce qu'ils appellent *la littérature de l'empire*, j'avoue que je ne puis partager leur opinion, que peut-être ils ne prennent pas au sérieux, et dont ils reviendront sans doute. Assurément, on comptait alors des auteurs distingués et jouissant d'une réputation européenne qu'ils n'avaient point acquise sans titres. A ceux que j'ai déjà nommés j'en ajouterai quelques autres. Certes, ce n'était point un homme ordinaire que le comte de Volney, sénateur philosophe, dont on peut, dont on doit peut-être proscrire le système désolant; mais on ne saurait sans injustice ranger le livre des *Ruines* au nombre des productions vulgaires.

L'empereur ne l'aimait pas, et cependant il

aimait sa conversation comme celle de tous *ses Égyptiens*, ainsi qu'il appelait tous ceux qui l'avaient accompagné en Égypte. Un jour, surpris de ne l'avoir pas vu depuis long-temps à l'heure de ses causeries familières, c'est-à-dire à l'heure de son déjeuner, Napoléon en demanda des nouvelles. — Sire, dit Corvisart, il garde le lit, à la suite d'une chute qu'il a faite en allant chez son imprimeur. — Une chute! dit Napoléon en riant; aussi pourquoi s'obstine-t-il à marcher toujours au milieu *des ruines?*

J'ai déjà parlé du sénateur Garat, et, malgré sa faconde, ce n'est pas lui que je choisirais pour l'opposer aux détracteurs de la littérature de l'empire; mais ne possédions-nous pas Bernardin de Saint-Pierre, ce philanthrope, cet ami dévoué, cet excellent parent, cet être si bienveillant et de fait si peu intéressant. Ce beau génie dont les œuvres respirent la vertu, l'amour du bon et du parfait, cet écrivain élégant, harmonieux, sensible, si digne, si fin dans ses écrits, démentait dans sa vie privée ce que promettaient et sa figure sublime d'expression agréable et la philosophie de ses pages brûlantes. Pour l'aimer il fallait, non l'approcher, mais le lire; qui l'approchait ne pouvait plus l'estimer.

Je me serais abstenu d'énoncer ainsi mon opinion sur cet homme extraordinaire, si *son successeur*, M. Aimé-Martin, n'eût publié la correspondance si sèche et si détachante de Bernardin de Saint-Pierre, si lui-même ne nous l'eût fait toujours voir en quêteur et tendant la main. La famille de Bonaparte le combla de bienfaits dont il se montra peu reconnaissant. On l'accusa de torts intérieurs, et l'on peut tout croire, quand on a lu les malencontreuses lettres livrées à l'impression.

En 1810, Bernardin était un vieillard vénérable; sa haute taille, ses formes athlétiques, la blancheur de sa chevelure étalée avec une coquetterie calculée, ses grands yeux si bleus, si purs, sa physionomie qui avait conservé de la beauté et de l'expression, puis le souvenir de sa vie aventureuse, ceux de ses ouvrages, *Paul et Virginie*, diamant sans prix, *les Études*, *les Harmonies de la Nature*, *Candie*, poëme en prose qu'il n'acheva pas et sur lequel il a répandu un parfum céleste d'antiquité. Les vertus, l'esprit, l'affabilité, tout se réunissait pour inspirer un amour respectueux en faveur de Saint-Pierre; il y avait foule sur son passage, et les jeunes gens, entre autres, enviaient sa charmante compagnie; ils le croyaient doublement heureux.

Le malheureux! il aurait pu l'être : ses deux épouses, mesdemoiselles Didot et de Pelleport possédèrent chacune assez de perfections, de charmes, de qualités brillantes et solides pour assurer le bonheur d'un époux.

Quand celui-ci passait, on se rangeait, on battait des mains, on criait: Vive l'auteur de *Paul et Virginie;* on voulait l'avoir vu, lui avoir parlé; toucher ses mains était une faveur précieuse, alors nous manquions de *jeunes hommes;* mais nous savions respecter la vieillesse et reconnaître la supériorité de nos devanciers, mais peut-être aussi avions-nous nos travers; car qui peut éluder la loi éternelle du genre humain!

Andrieux, si excellent, si ingénieux conteur, si malicieux quand, au travers du miel de ses paroles, il laissait pointer le dard de ses épigrammes, était en même temps profondément versé dans la connaissance des littératures anciennes. C'était le type du professorat ; il régnait dans sa chaire, au collége de France.

Sans doute, Andrieux n'était point doué de ce génie ardent, de ces inspirations brûlantes qui échauffent le cœur, agitent les sens et remuent les passions ; mais il agissait sur l'esprit, sur l'intelligence qu'il irritait par ses saillies et satisfaisait par le charme de sa diction ; il offrait d'ailleurs, l'accord d'un beau talent et d'un beau caractère.

Le comte François de Neufchâteau jouissait aussi d'une réputation littéraire justement acquise, et qui n'était point à dédaigner.

J'ai dit précédemment dans quelle singulière circonstance un de mes amis avait fait connaissance avec Cailhava ; on n'a point oublié sans doute son entrevue avec un auditeur au conseil d'État, dans le jardin du comte d'Écherny, à l'occasion d'un assassinat prémédité sur la personne du prince des Asturies. Pour moi, je connaissais peu Cailhava à cette époque; depuis je l'ai vu plus souvent, et je puis assurer qu'il était demeuré ferme dans ses principes anti-encyclopédistes. Il se plaignait des hommes avec douceur, mais ne pouvait toutefois pardonner au comédien Molé, à la haine duquel il attribuait l'espèce de mort dont était frappé son théâtre. Il ne remplissait aucune des deux conditions exigées par Voltaire pour réussir : ou ramper, ou se faire craindre. La noblesse de son caractère était inconciliable avec l'idée d'une bassesse, et sa bienveillance naturelle ne lui permettait pas non plus d'attaquer vivement ses ennemis; non point qu'il y eût en lui la moindre pusillanimité, que même il manquât de courage, mais c'était un homme essentiellement passif.

Maintenant, pour ne point prolonger cette énumération d'hommes distingués, en attendant que d'autres noms reviennent sous ma plume, je la terminerai en citant un auteur dont à coup sûr personne ne contestera la légitime illustration. Je veux parler de Ducis.

Quel beau vieillard! Quelle physionomie

franche et ouverte! quel éclat dans son regard aimable, gracieux, spirituel! Il laissa en mourant une fille, modèle des vertus filiales; oubliant sa jolie figure, ses beaux yeux, son esprit, ses charmes, elle refusa tous les établissemens avantageux qui lui furent offerts pour pouvoir consacrer exclusivement ses jours à son père. Aujourd'hui, frappée de douloureuses maladies, elle lutte avec la force d'une ame stoïque, aimée de ses nombreux amis que sa position navre et qui la voudraient voir heureuse.

Suard, bien que très-inférieur à ces hommes de lettres, possédait du goût, un tact fin et délicat; ses écrits, empreints des bonnes études qu'il avait faites seront toujours lus avec fruit.

Quant à Ducis, il faudrait un volume pour lui rendre la justice que ses contemporains lui doivent, pour le montrer dans sa vie privée et publique, homme du monde et de cabinet, tout ensemble philosophe et chrétien, ou plutôt, par conviction, sacrifiant la morale des hommes à celle de Dieu.

Ducis était en froid avec Napoléon, depuis

la fondation de l'empire; il appartenait à la classe si peu nombreuse des hommes aux convictions arrêtées qui, comme Népomucène Lemercier, ne savent pas ce que c'est qu'une transaction avec leur conscience. On le disait républicain; c'est une erreur: il l'avait été; mais, désabusé sur la possibilité d'une république, ses regards sans espoir se tournaient vers le passé; et puis il en coûtait à sa fierté de voir des maîtres dans ceux où il avait vu des égaux et même des protégés.

Avant de rapporter en quelle circonstance je dus le voir à l'époque du mariage de l'empereur, il est nécessaire que j'entre dans quelques explications préalables.

Le divorce conclu, mais le nom de la princesse qui devait épouser Napoléon n'étant pas encore connu, l'empereur me fit appeler secrètement, et j'avoue que je frémissais de tous mes membres, craignant qu'il ne voulût me donner une de ces missions devant laquelle j'étais déterminé à reculer, eussé-je dû encourir la plus éclatante disgrace. Ma frayeur venait de ce que, quelques jours auparavant, Beausset avait reçu l'ordre de lui amener mystérieusement une dame de la rue Saint-Antoine, et nous savions que celle-ci avait été congédiée après une première entrevue, pour avoir voulu parler de politique à Napoléon.

Heureusement je me trompais : — Comte, me dit l'empereur aussitôt qu'il me vit, je vais me marier; le nom de ma femme est encore un secret, mais je tiens à ce que mon mariage ait le plus grand éclat, le plus grand retentissement. A coup sûr, je ne manquerai pas de poëtes, mais je n'aime pas le fretin, et je voudrais savoir d'avance quels sont ceux sur qui je dois compter. Vous comprenez qu'aucune ouverture faite par mes ministres ne saurait me convenir; on dirait que j'achète des éloges, et si, parmi ces messieurs, un seul refusait, je serais gravement compromis. Vous les connaissez; vous voyez souvent Ducis, Delille, Boufflers, Chateaubriand; ne leur demandez rien au moins! tâtez-les. Je m'en rapporte à vous.

Le temps, ce jour-là, était magnifique, malgré la rigueur de la saison, et, comme il était midi au plus, quand j'eus pris congé de l'empereur, je me fis immédiatement conduire à Versailles où demeurait Ducis. Il occupait un appartement modeste, où l'on voyait un singulier assemblage d'objets sacrés et de choses profanes. Un Christ en ivoire y figurait, attaché au même clou qu'un médaillon antique, et un portrait de Voltaire à côté de l'extase de Saint-Paul. Ovide, la Pucelle, l'Aretin étaient rangés sur le même rayon de bibliothèque que les confessions de Saint-Augustin et l'Imitation de N. S. Jésus-Christ.

Ducis me reçut comme toujours, à bras ouverts, avec cette expansion de bienveillance qui a tant de charme quand elle n'a rien d'affecté. Une auréole de sérénité semblait rayonner autour de sa belle figure. Tout naturellement il me demanda des nouvelles de Paris et me parla de l'empereur. Je lui parlai du prochain mariage, et je l'amenai facilement sur la pluie de vers qui ne pouvait manquer de tomber à cette occasion.

— Mais, lui dis-je après quelques propos, cette pluie formera un torrent qui s'entraînera de lui-même, à moins que des vers de Delille, de Fontanes, de vous surtout....

— De moi? interrompit-il; ceux-là n'auront rien à craindre du temps; ma muse a besoin d'être inspirée.

— Ne le sera-t-elle donc point? Hé quoi! Monsieur, vous vous signaleriez dans cette grande circonstance par une abstention qui serait remarquée de tous! vous qui déjà avez refusé la croix de la Légion-d'Honneur, qui n'avez pas voulu siéger au sénat! ne craignez vous rien du mécontentement de l'empereur?

— Je ne crains rien d'aucun homme.

— Réfléchissez cependant...

— J'ai pensé à tout, j'ai tout prévu, reprit Ducis; si je suis républicain, je n'en oublie point les principes; si je suis royaliste, au contraire, je ne puis me ranger parmi les flatteurs.

— Mais vous serez le seul!

— Détrompez-vous. Je ne vois point Delille, mais je suis sûr qu'il fera comme moi.

Désolé d'avoir échoué dans ma négociation, et n'en estimant que plus encore la rigidité de l'apôtre de l'honneur, je fis du moins en sorte qu'il ne soupçonnât pas que j'avais été chargé auprès de lui d'une mission officieuse et je lui dis qu'étant venu voir madame la duchesse de Villeroi, je ne voulais pas quitter Versailles sans lui rendre visite. Il me crut, car il avait trop de candeur pour soupçonner un subterfuge.

M. de Boufflers, connu sous la désignation du chevalier au Parnasse, et sous celle du marquis dans la bonne compagnie, avait épousé madame de Sabran. En le voyant, il était impossible de reconnaître en lui ce papillon, ce brillant seigneur, si gracieux, si aimable, si spirituel, l'auteur du conte d'Aline et d'une douzaine de chansons polissonnes, l'auteur surtout du poème des Cœurs, composition plus qu'érotique et qui avait fait les délices de ma jeunesse et de la vieille cour.

Oh! le bon temps que c'était pour se faire

une réputation à peu de frais! que de grands noms devenus illustres avec des riens dont aujourd'hui on ne voudrait pas pour une revue! Quatre vers firent la fortune du marquis de Saint-Aulaire. Boufflers, avec un peu plus de titres, était entouré d'une auréole de gloire au milieu de laquelle il se pavanait; mais il était devenu pesant, il faisait de l'idéologie, de la métaphysique. Je le regardais avec pitié et déplorais l'outrage des années qui avaient produit en lui un changement si complet.

Lui, autrefois comblé des bienfaits de la famille royale, il n'hésita pas à promettre qu'il chanterait Napoléon, et il allait le soir même se mettre à l'ouvrage. Je ne me rappelle point la destinée de son grain d'encens; tant de faits plus importans sont sortis de ma mémoire, que cela n'a rien d'étonnant. Quant à Parseval Grandmaison, je le trouvai déjà à la moitié de sa composition.

— Mais, mon ami, lui dis-je, la princesse vous est inconnue.

— Pas tant que vous le croyez, me dit-il

froidement; n'épousera-t-elle pas l'empereur?

— Cela est possible.

— Tout est là, mon cher; la princesse qu'il prendra, par le seul fait de son choix, sera une perfection de naissance, de jeunesse, de beautés, de vertus, voilà le principal; les accessoires viendront avec le nom. En attendant, je groupe autour d'elle les muses, les graces, les nymphes, les beaux-arts, l'abondance, le commerce; c'est Junon, Vénus, Diane, Pallas. D'ailleurs, quelle que soit la femme de l'empereur, Napoléon n'occupera-t-il pas le premier plan du tableau, et ne sera-t-il pas invariablement le dieu Mars?

J'admirai cette facilité poétique et je partis après avoir écouté un chant de son *Philippe-Auguste*, qu'il a mis deux ans à écrire, et vingt-cinq ans à corriger.

La maison de Delille était un temple; il logeait alors à l'hôtel de Lamoignon, près de la Force; Là on venait encenser le Dieu; divinité gaie, simple, naïve, tolérante pour autrui, inflexible pour soi, Delille craignait toujours d'encourir le blâme de ses anciens amis.

Je fus reçu par sa femme, celle dont on a dit tant de mal, parce qu'il y avait tant de bien à en dire; la calomnie, qui lui enviait le trésor dont elle s'était constituée gardienne, la poursuivait avec un acharnement qui n'a fini qu'à la mort de son mari; mais, quand on était admis dans le sanctuaire, il fallait bien reconnaître que madame Delille était son ange tutélaire, prête à devenir la pieuse Antigone du nouvel Œdipe. J'ai souvent remarqué dans le monde une certaine propension à flétrir les gens que l'on ne connaît pas et je me suis même aperçu quelquefois qu'il y avait dans ces méchancetés un peu de vengeance de ce que l'on n'a point été admis à l'honneur de les connaître. Que d'hommes ont attaqué la réputation d'une femme, précisément parce qu'ils n'avaient pas pu douter de sa vertu.

Quand j'entrai, — Monsieur, me dit madame Delille, vous venez consoler mon mari de la douleur que lui cause la perte de deux de ses meilleurs amis.

— Eh! mon Dieu! qui donc, Madame?

— Les comtes Fontanes et Regnault; ils sortent d'ici. Ils ont menacé ce pauvre homme de ne plus le revoir, s'il ne consent pas à une bassesse indigne de lui.

— Laquelle, s'il vous plaît?

— Ils veulent que M. Delille chante le mariage de votre empereur; cela est-il possible?

— D'autres lui en donneront l'exemple.

— Ce ne sont pas des Delille! Quoi, est-ce que vous aussi vous pourriez conseiller à mon mari...!

— Je voudrais, Madame, voir un grand poète traité selon son mérite, et qu'aucune privation n'affligeât sa vieillesse.

Delille survint. Il marchait chez lui quoiqu'aveugle; sa cécité n'était pas complète; il y voyait encore assez pour se conduire et pour manger, mais il ne pouvait plus ni lire, ni écrire.

— On me tuera, dit-il, si on continue à me parler de votre empereur que je déteste : n'est-ce pas assez pour lui d'une archiduchesse ou d'une grande duchesse? lui faut-il encore Delille? Je lui prouverai qu'il est plus facile d'avilir deux maisons, deux maisons impériales, qu'un pauvre poète. Eh quoi! l'on aura tout ravi aux Bourbons, et il ne leur restera rien. Hé bien! à défaut de flatteurs, ils m'auront; je serai le courtisan du malheur : la fortune n'en saurait manquer.

Pendant que Delille prononçait avec feu ces nobles paroles, je ne sais quelle tristesse profonde me saisit le cœur. J'éprouvai, pourquoi ne le dirais-je pas? une sorte de honte à me voir tellement au dessous de ce vieillard chétif, frêle, souffrant, presque aveugle, et, craignant de rougir de ma mission, je lui répondis vaguement. Je lui dis, je crois :

— Qui voulez-vous, Monsieur, qui ose solliciter de vous ce que n'ont pu obtenir ni Fontanes, ni Regnault de Saint-Jean-d'Angely? Vous préférez la gloire à la fortune; vous donnez là un rare et noble exemple, mais il aura peu d'imitateurs.

— Eh, mon Dieu! Monsieur, reprit Delille, je ne blâme personne; mais suis-je donc un marchand, un banquier ou un agioteur, pour sacrifier à la fortune? Je suis poète, uniquement poète; à ce titre seul, je ne veux point changer mes dieux.

Je lui demandai alors ce qui s'était passé entre les deux émissaires de l'empereur et lui, car une nouvelle idée avait surgi malgré moi dans mon esprit : Napoléon avait-il douté de ma dextérité, en m'adjoignant de tels auxiliaires?

Delille me répondit :

—Ces Messieurs m'ont d'abord représenté Napoléon comme un Jupiter tonnant, dont les foudres étaient à redouter, comme s'ils eussent cru m'effrayer; puis ils me firent un grand éloge de sa personne, de son génie; ensuite, abordant la question du mariage, ils ont ajouté que tous les poètes vivans s'étaient entendus pour former à l'empereur une couronne poétique.

—Deux noms y manqueront, leur dis-je : Ducis et moi.

Ils ont calomnié Ducis en m'assurant que je me trompais, mais je suis sûr de lui. Alors ils ont abordé le chapitre des séductions ; ils m'ont montré, dans une perspective rapprochée, une place au sénat avec les trente-six mille francs de traitement qui y sont attachés, une sénatorerie. Pour cela ils me demandaient cent cinquante vers.

Messieurs, leur ai-je dit alors, jamais compliment plus flatteur ne m'a été adressé; jamais on n'a mis mes vers à aussi haut prix, et je vous en remercie; mais ma plume n'est point vénale, et je ne vends mes vers qu'à Michaud [1].

— Monsieur, lui dis-je, quelle que soit la valeur de vos vers, votre personne est d'un prix encore bien plus inestimable. Ah ! si vous veniez à nous !...

— Je serais dès lors sans valeur. Voyez le cardinal Maury, combien il est déchu !...

— Monsieur, ce n'est pas la chute du cardinal Maury qui doit surprendre, c'est son élévation; quand on le voit, elle étonne. Il fallait, en 1789, que le côté droit fût bien dépourvu pour...

[1] C'était le libraire de Delille et le frère du poète.

— Vous êtes sévère envers lui, ou plutôt vous oubliez ce qu'il était, pour le juger d'après ce qu'il est maintenant. Il est fort éloquent, sans doute; mais son éloquence ne saurait faire triompher une mauvaise cause.

Tel était Delille, indulgent pour les autres et invariable dans sa volonté. Rien ne put le faire fléchir. Quant à M. de Chateaubriand, j'en obtins, pour l'empereur, à défaut de vers, quelques belles pages en prose poétique, et, l'année suivante, pour le roi de Rome, une bouteille d'eau du Jourdain.

CHAPITRE VII.

J'ai prononcé, à la fin de mon dernier chapitre, le grand nom de M. de Chateaubriand; ce n'est pas un de ces noms sur lesquels on puisse glisser légèrement; on ne sera donc point surpris que je m'y arrête quelques instans. En ma qualité d'homme de l'empire, on me permettra, je le pense, de me demander à quelle époque appartient le plus essentiellement sa gloire littéraire. A cela, je répondrai : A l'empire qui vit naître *Atala* et *René*, *le Génie du Christianisme*, *les Martyrs*, où saint Paul prophétise en magnifiques paroles le futur César, non moins grand que l'ancien, que les temps à venir amèneront dans la Thébaïde, et enfin l'*Itinéraire de Paris à Jérusalem*. Si l'on me conteste mon opinion, je demanderai ce que, depuis, M. de Chateaubriand a fait de plus beau que ces admirables productions. Sans doute, il a ouvert au pamphlet une route nouvelle; mais, tant que dura le gouvernement de sa prédilection, il n'enrichit point la littérature française d'une de ces œuvres imposantes qu'adoptera la postérité; la bonne fortune fut contraire à son génie, et l'on pourrait appeler M. de Chateaubriand l'enfant chéri de la disgrace. Je serais tenté de croire que ce fut par amour pour les lettres que Louis XVIII lui retira le portefeuille des affaires étrangères.

Sous l'empire, rien d'éphémère ne pouvait vivre; un pamphlet était impossible; tout pamphletaire était réputé fou, pour cela seulement qu'il osait s'attaquer à la puissance impériale;

pensée arbitraire, sans doute, mais essentiellement conservatrice; car, en vérité, je ne vois pas ce qu'un peuple peut gagner en liberté réelle, en liberté dont on jouit sans en parler, à ce vaniteux courage qui pousse les écrivains à affronter les rigueurs de la prison. En général, plus il y a de libertés écrites dans un pays, plus les geoles sont pleines.

Mais laissons cette digression, peut-être intempestive, pour voir défiler l'armée littéraire impériale, à la tête de laquelle marchait seul M. de Chateaubriand, comme Napoléon en avant de la sienne, mais ayant tous les deux de dignes lieutenans.

Sans compter Ducis, Chénier, Baour-Lormian, Andrieux, Delille et Lemercier que j'ai déjà cités, pourrais-je, sans injustice, oublier Legouvé, l'auteur du poëme *des Femmes;* Arnaud, dont on a depuis méconnu le mérite; Fontanes, qui malheureusement a peu écrit, mais dont toutes les pages sont des modèles de goût et de grace; les deux frères Lacretelle, si différens de caractère, mais qui, tous deux, firent preuve d'un talent incontestable? A côté de ces noms, et, pour ainsi dire, dans la même accolade, ne convient-il pas de placer ceux de Raynouard, auteur des *Templiers ;* de Picard, qui fit de Thalie l'historienne piquante des mœurs de son temps, de son émule Duval, peut-être moins fin et plus profond observateur? La critique s'honorait des noms d'Hoffman qui déposait souvent la férule pour composer de charmans opéras-comiques; du savant Dussault, de l'abbé de Feletz, de Maltebrun, de Jondot, et enfin de l'illustre Geoffroi, dont les mordans feuilletons partageaient avec les bulletins de la grande armée la gloire d'occuper la population lettrée de la France et de l'étranger. J'omets beaucoup de noms sans doute; j'ajouterai cependant à ceux qui précèdent le nom de Delrieu, l'auteur d'*Artaxercès ;* de l'abbé de Boulogne, de l'abbé Fraysinous, dont l'éloquence persuasive et la religion alors indulgente attirèrent tant de fidèles à ses conférences de Saint-Sulpice; du cardinal de Beausset, rival de Bossuet et de Fénelon dans la vie qu'il a écrite de ces deux grands hommes; de M. de Bonald, et enfin de M. de Maistre, que la France revendique à cause de son style, quoiqu'il soit né en Piémont.

Que serait-ce, si maintenant je faisais déployer les cohortes de la science, de cette armée qui ne comptait que des chefs illustres? Mais si je les admire, ce n'est que sur parole; je reconnais mon incapacité à les juger, et ils n'ont que faire de mes éloges.

Quant aux femmes, peut-être suis-je moins incompétent, du moins je l'étais alors; et, en vérité, l'empire compta tout autant de dixièmes muses qu'aucune autre époque.

N'avions-nous pas madame de Staël, que je serais presque tenté de ranger parmi les hommes, et pour plus d'une raison? n'avions-nous pas madame Cottin, auteur de *Malvina*, d'*Amélie de Mansfield*, de *Claire d'Albe*; madame Armande Rolland, à qui nous dûmes alors le plaisir de lire *Palmyra*, *Adalbert de Montgelaz*, et la *Chaumière Russe*. Madame de Flahaut, devenue madame de Souza, avait pris un rang distingué dans la littérature fine, délicate et vraie. Qui n'a lu, qui ne voudrait lire *Adèle de Sénange*,

Eugène de Rothelin? Et la baronne de Montolieu! chacun de ses ouvrages fut accueilli avec un rare empressement; tous obtinrent un succès unanime, faveur que partagèrent avec elle les poésies vraiment inspirées de madame Dufrenoy. On pourrait encore citer avec éloge madame Verdier, madame Jolivau et mademoiselle Candeille, sans oublier madame de Saint-Simon qui, je crois, était déjà madame de Bauwer, et, qui, du moins je le suppose, n'a jamais pris son premier mari pour un prophète.

Dans ces énonciations de célébrités contemporaines de l'empire, je ne suis effrayé que d'une chose; c'est à savoir les omissions.... Je cherche.... je relis ce que je viens d'écrire... Je demande pardon à ceux et surtout à celles que j'oublie bien involontairement. Comment, par exemple, n'ai-je pas rappelé le nom de madame de Genlis? ceux de Parny, de Laujon et de M. de Jouy? En vérité, je n'y conçois rien; cependant je pourrais m'excuser en faisant observer que Laujon et madame de Genlis appartenaient plus à l'ancien régime qu'à l'ère impériale, et que, quoique déjà nous eussions vu représenter *la Vestale* et *Fernand Cortès* à l'Opéra; *Tippoo Saëb*, aux Français, et que *l'Ermite de la Chaussée-d'Antin* eût commencé son cours de critiques fines et spirituelles, d'élégantes observations de mœurs, je crois que le talent de M. de Jouy appartient plus encore à la restauration qu'à l'empire. Dans tous les cas, c'est une concession que je fais, et nous ne nous disputerons pas pour cela.

Napoléon, après son mariage, resta peu de temps à Paris; le 5 avril il revint à Compiègne où il avait d'abord reçu Marie-Louise, et où, dit-on, elle fut sa femme avant d'être impératrice. A la fin du mois, ils étaient à Bruxelles où Napoléon tenait à la présenter aux peuples du Brabant, si long-temps gouvernés par le sceptre de ses aïeux.

Le 1er de mai, ils firent leur entrée solennelle à Anvers; ils revinrent par Dunkerque, Lille, le Havre et Rouen. Le 1er de juin, ils étaient de retour dans la capitale.

N'ayant pas eu l'honneur d'accompagner leurs majestés dans ce voyage où tant d'hommages leur furent prodigués, je ne le cite que comme un fait.

Le sur-lendemain du retour de Napoléon à Paris, eut lieu la disgrace de Fouché, disgrace qui étonna tout l'empire. Je pourrais en raconter les causes et les circonstances; mais d'autres, aussi bien instruits que moi, m'ont prévenu; je serais obligé de répéter ce qu'on peut lire sur cet événement, dans les mémoires du duc de Rovigo et dans ceux d'un pair de France.

Une espèce de rumeur publique s'éleva en faveur de Fouché, au moment de sa disgrace; moins peut-être à cause des regrets qui s'attachaient à lui, que par la crainte qu'inspirait le nom connu de son successeur. L'obéissance passive, aveugle, du duc de Rovigo était proverbiale; on le regardait comme un séïde, et son mérite était pour tout le monde une chose au moins énigmatique. Enfin son nom épouvantait.

Peu de jours après cet événement, je reçus la visite d'une jeune et jolie femme, assez bien née, ayant chez elle des réunions de personnes choisies, et où j'allais quelquefois. Surpris de la voir chez moi, en costume de solliciteuse, elle me dit, avec une sorte d'embarras, que des méchans l'avaient dénoncée à la police, et qu'elle me conjurait, non de prendre sa défense, mais uniquement de lui procurer une prompte audience du duc de Rovigo. Touché de sa peine, j'abordai le même soir le nouveau ministre chez l'archichancelier, et lui demandai s'il n'aurait point de répugnance à recevoir les confidences d'une femme agréable?

Le duc me répondit qu'il la recevrait volontiers, et m'indiqua, pour le surlendemain qui était un lundi, une heure de rendez-vous. Le dimanche matin, j'écrivis à ma protégée et lui désignai le jour et l'heure où elle pourrait se défendre d'inculpations injustes; elle passa chez moi sans me rencontrer, et pour me remercier sans doute du service que j'avais voulu lui rendre. Je n'eus plus de ses nouvelles; d'ailleurs mon service me claquemurait alors au palais.

Chaque fois que je revoyais Savary, depuis cette circonstance, il prenait avec moi un air goguenard et ricaneur qui ne me plaisait guère; mais la frayeur de lui déplaire ne me permettait pas de lui témoigner mon mécontentement; quelques semaines s'écoulèrent dans cet état d'hostilité ouverte.

Un jour, comme je traversais le Luxembourg, vers quatre heures du soir, je m'entendis appeler par mon nom; je me retourne.... c'était le duc de Rovigo. Il vint à moi, non plus en ricanant :

— Parbleu, me dit-il, je suis charmé de vous rencontrer. Depuis quelque temps je vous intrigue par des plaisanteries dont vous ne pouvez avoir la clé; je suis bien aise de trouver l'occasion de m'en entendre avec vous.

J'eus l'air de ne pas le comprendre.

— Soyez franc, me dit-il, comme je vais l'être; votre position est si piquante, vous avez si bien prêté à la mystification, qu'après en avoir joui, il y aurait de l'injustiee à ne pas vous prévenir que vous êtes enlacé dans les replis d'un serpent.

Il me raconta alors que ma jolie dame, si calomniée et si craintive de la police, était tout simplement une femme tout acquise au duc d'Otrante, bien payée par lui, et que ce ministre lui avait joué le tour, comme à tant d'autres, de ne pas la recommander à son successeur. Cette fine mouche, pour parvenir à Savary, m'avait abusé à l'aide d'un conte, et, pour me récompenser du service rendu, elle avait offert au duc de Rovigo de me surveiller et de l'instruire de mes faits et gestes, et de mes liaisons.

—Et vous avez mis à la porte cette coquine?

— Je m'en serais bien gardé; elle est très-bien achalandée : elle voit du monde, des étrangers. Je l'ai mise aux mille francs par mois, elle n'en recevait que cinq cents sous le duc d'Otrante, quoiqu'elle m'ait assuré qu'elle émargeait un registre où elle était portée pour mille. Maintenant que vous êtes averti, soyez sur vos gardes; tenez-la à distance, sans lui laisser jamais apercevoir que son secret vous est connu; vous comprenez quelle en serait la conséquence.

Je fus obligé d'en passer par où voulut le duc; mais je me fis tout exprès une querelle de jeu à une de ses soirées afin d'avoir un prétexte de rompre avec elle et sans retour.

C'était un des inconvéniens de la police impériale; on l'avait montée avec une habileté peu commune; elle tenait à chacun de nous par plusieurs fils. Nous étions sous sa dépendance; mais pour peu qu'on se tînt tranquille et qu'on ne glosât pas sur les événemens, on n'avait rien à craindre sous ce rapport. Fouché avait plus de mansuétude que n'en avait le duc de Rovigo.

Une personne de ma connaissance allait tous les soirs au Palais-Royal prendre son café au café Valois, ancien établissement où ne se réunissaient guère que des personnes de bonne compagnie. On y causait à cœur ouvert, trop librement peut-être. Voilà qu'un homme, portant un costume sévère, et une physionomie encore plus sombre, annonce mystérieusement à mon ami que M. le duc d'Otrante serait fort curieux de causer avec lui, et cela sans retard. Mon provincial consterné se croit perdu. Cependant il obéit, et, sans perdre de temps, se rend, plus mort que vif, chez le ministre. D'aussi loin que Fouché le voit:

—Monsieur, lui dit-il, je m'intéresse à vous; je sais que vous aimez le chocolat, celui du café Valois ne vous vaut rien; il est beaucoup meilleur au café Corazza. C'est là que je vous conseille d'aller à l'avenir; surtout n'y parlez jamais de politique pour être plus sûr de coucher tous les soirs dans votre lit.

Ce brave homme entendit à *demi-mot;* il changea de café, se tint la bouche close, et depuis ne fut plus inquiété.

Cette année 1810 fut marquée, entre autres événemens, par l'abdication du roi de Hollande et l'élévation de Bernadotte au rang de prince royal de Suède. Louis Bonaparte, fatigué de n'être dans son royaume que le préfet de son frère, abdiqua en faveur de son fils; l'empereur ne ratifia pas cette disposition, il investit son neveu du grand-duché de Berg et de Clèves, et réunit de son autorité privée la Hollande à la France, sans l'ombre d'un droit pour agir de la sorte. Jamais en effet la Hollande ne s'était donnée à l'empereur, mais uniquement à Louis; celui-ci abdiquant, son fils devenait le souverain légitime. Il n'en fut point ainsi : l'empereur s'empara de la couronne comme il avait fait de celles d'Étrurie, de Portugal et d'Espagne.

Le roi de Suède, Gustave IV, entretenant une guerre folle contre la France et la Russie, venait de perdre à la fois la Finlande et la Poméranie, les seuls points qui lui donnassent pied sur le continent. Les Suédois, désespérés de son aveuglement, se déterminèrent à le détrôner; une conspiration ourdie à cet effet éclata le 13 mars 1809, et le roi fut fait prisonnier; plus tard les États le dépouillèrent; son oncle, le duc de Sudermanie, fut mis sur le trône, sous le titre de Charles XIII. Il adopta d'abord un prince de Danemark, Augustembourg, qui mourut empoisonné moins d'un an après. Les États de Suède, librement assemblés, et instruits du mérite éminent du prince de Ponte-Corvo, maréchal Bernadotte, lui décernèrent l'adoption.

Ce choix ne plut pas à l'empereur; il le manifesta par une certaine mesquinerie; au lieu de s'applaudir de voir un Français monter sur un trône du Nord, il ne vit qu'une ame ferme et vigoureuse qui ne se laisserait pas dominer. En cela, il avait raison. Le prince Charles-Jean, dès qu'il eut franchi la Baltique, devint tout Suédois; il se montra sage, prudent, pacifique; il mena ses nouveaux sujets à la victoire en gémissant d'avoir à combattre des anciens compagnons d'armes. Je m'étonne que l'on ait cherché à jeter le blâme sur sa conduite; elle fut dictée par l'honneur : il dut tout immoler à l'avantage de ses sujets. La Suède, heureuse sous son long règne — car il administra dès 1810 — le compte parmi ses plus grands rois, et le verra revivre dans son auguste fils.

La fin de l'année fut paisible; la guerre existait toujours en Espagne, mais sans aucun succès décisif. Nous étions maîtres du rayon occupé par nos troupes; mais, à vingt pas au delà, on reconnaissait la junte d'insurrection. Napoléon se refusait à voir la vérité; c'est de là cependant que partirent les premiers assauts qui ébranlèrent son trône et en préparèrent la chute. Quels flots de sang furent inutilement versés dans la Péninsule! combien de légions y périrent, qui eussent agi avec plus d'efficacité dans les guerres du Nord.

Un autre événement, ou, pour mieux dire, un présage sinistre, vint frapper les esprits durant cette même année. Le dimanche, premier de juillet, le prince de Schwartzenberg, ambassadeur de l'empereur d'Autriche auprès de son gendre, voulant célébrer avec magnificence le mariage de l'auguste fille de son souverain, donna une fête.

Les préparatifs en furent somptueux; l'ambassadeur occupait, rue du Mont-Blanc, l'hôtel de madame de Montesson [1].

Le prince de Schwartzenberg envoya des bil-

[1] Cet hôtel n'existe plus; sur son emplacement on a construit un gros *pâté* de maisons que l'on nomme *Square* et qui occupe l'espace compris entre la rue de la Chaussée-d'Antin et la rue de Provence, à l'angle que forment ces deux rues.

lets d'invitation à l'élite de la cour et de la société, à tous les étrangers de distinction alors à Paris. Combien de personnes s'intriguèrent pour assister à cette fête fatale où plusieurs d'entre elles devaient trouver la mort!

On ne saurait en effet se faire une idée des demandes, des sollicitations pour assister aux fêtes où l'on savait que viendrait l'empereur. Pour moi, je me rappelle que je me fis faire un magnifique habit neuf, brodé sur toutes les coutures; je ne saurais encore aujourd'hui penser sans frémir au danger que je courus.

La fête fut magnifique, mais non pas très-bien ordonnée; en ce sens, du moins, que le nombre des invités était hors de toute proportion avec la dimension des salons de l'hôtel. On construisit au milieu du jardin un bâtiment gigantesque, véritable palais, ayant des chambres retirées pour le repos de l'impératrice, et pour le service de sa majesté; mais cette vaste construction était tout en bois de sapin, enduit d'une couche de térébenthine, et recouverte dans toute son étendue d'une toile cirée. L'intérieur était décoré des plus riches étoffes de soie brochées d'or; des guirlandes de fleurs artificielles, des draperies de mousseline et de gaze, étaient suspendues aux portiques extérieurs de ce temple élégant, consacré au plaisir, et où, peu d'heures après, la mort la plus horrible allait exercer ses ravages. Les voitures de la cour arrivèrent successivement; la salle immense se remplit bientôt; des chœurs de voix et des symphonies mélodieuses annoncèrent la venue de leurs majestés. L'impératrice portait une robe blanche, zinzolée d'or et semée de rubis, un manteau bleu chargé d'une broderie de diamans, de perles et d'or; sa ceinture, son collier, ses bracelets, ses agraffes, d'un prix inestimable, se composaient des plus riches parures de la couronne; sur sa tête s'élevaient un diadème et une couronne fermée tout en diamans. Jamais elle n'avait été plus brillante; elle paraissait heureuse et gaie; la figure de l'empereur rayonnait. Il parlait à tout le monde avec une extrême aménité et même se permit des familiarités dont il était en général peu prodigue.

Il s'adressa à un auditeur au conseil d'État, nouvellement nommé, et lui demanda s'il avait fait choix d'une danseuse. — Sire, je ne suis pas danseur. — Tant pis, Monsieur; il faut être utile, même dans un bal, quand on est à mon service. Prenez un maître de danse, je vous invite à venir danser aux Tuileries l'hiver prochain. L'empereur s'éloigna, en riant de l'embarras du jeune homme. Celui-ci disait naïvement à ses voisins : — Si sa majesté m'avait interrogé sur l'administration, les sciences, les mathématiques, l'histoire, je lui aurais répondu; faut-il qu'il soit précisément tombé sur la danse, chose que je ne sais pas. En vérité, je suis bien malheureux!

Me trouvant en ce moment auprès du jeune auditeur :—Monsieur, lui dis-je le plus sérieusement du monde, vous auriez dû savoir le proverbe : Ne va pas au cabaret qui ne veut pas boire, ni au tripot qui ne veut pas jouer. Cependant Napoléon, continuant sa revue circulaire, était passé à la veuve et à la fille de M. de Bonchamp, le célèbre guerrier qui a laissé dans la Vendée une si haute réputation. Mademoiselle Zoë de Bonchamp venait de recevoir du prince primat, par l'intermédiaire de la comtesse Fanny de Beauharnais, une décoration chapitrale; elle saisit le moment où l'empereur lui adressa la parole pour lui demander la permission de se parer de ce cordon de noble chanoinesse. Tout ce qui touchait à la Vendée était alors bien venu de Napoléon; il accorda le plus gracieusement du monde l'autorisation sollicitée par mademoiselle de Bonchamp, en lui disant :

— Je présume que cela n'empêche pas de prendre un mari.

Cependant, des glaces, des sorbets, des sirops, des oranges, des fruits confits, des eaux glacées, circulaient en abondance, portés par la livrée; les danses continuaient en attendant le souper que l'on préparait dans une autre partie de l'hôtel. Le ciel était lourd, la chaleur, augmentée par l'illumination, excessive : c'était à étouffer ; j'aurais voulu respirer, sortir ; je ne l'osai, dans la crainte que l'empereur ne le remarquât, car rien ne lui échappait.

Dans ce moment, à ce qu'on m'a dit depuis, une brise du soir survint; on la salua avec joie, car il y avait dans le jardin, admirablement illuminé, autant de monde qu'au dedans. Un rideau de gaze que le vent agita vint se heurter contre une girandole et s'enflamma à la bougie la plus voisine. On s'écrie, on veut couper court au mal; un aide-de-camp du prince de Neufchâtel s'élance, s'accroche à la colonne, atteint la draperie, l'attire à lui croyant l'arracher; mais elle résiste, il la déchire seulement, et les lambeaux lui échappant communiquent le feu à deux endroits.

Les premiers témoins de cet accident en redoutèrent de plus graves; on demanda des secours qui auraient dû être préparés à l'avance; aucune précaution de prévoyance n'avait été prise. Cependant, le feu se propagea avec une rapidité épouvantable; chaque matière à laquelle il s'attache lui donne plus d'activité; les bois légers, les étoffes, les peintures dont tout est enduit, lui offrent des alimens funestes; il augmente, s'étend et domine partout. Ce fut l'affaire d'un moment.

Le malheur qui venait d'arriver n'était encore connu que des personnes présentes dans la salle incendiée; tout à coup le bruit s'en répand au dehors, et, au premier moment d'une consternation muette, se joint le terrible cri : Au feu! Par suite d'une inexplicable fatalité, on se précipite dans la salle devenue la proie des flammes; on y porte l'épouvante en avertissant ceux qu'elle renferme du danger qui les menace. A ces clameurs, la terreur devient universelle; chacun songe à sauver ceux qu'il aime; on veut fuir, aller, venir, traverser la salle en divers sens; on s'embarrasse, on redouble la confusion; et, pendant ce temps, la flamme avide, rapide, dévorante, s'attache aux lambris, court sous les plafonds, brise les glaces, fait tomber les lustres, et menace de tout consumer.

L'impératrice était en ce moment séparée de l'empereur : il lui était facile de se sauver seule; mais, par suite d'un courage dont elle n'a donné chez nous que cette preuve, elle se tourne vers le trône, y monte, et y attend l'empereur avec une tranquillité apparente. Celui-ci accourt vers elle, la prend par le bras, et, précédé de quelques serviteurs fidèles, parvient à l'arracher à une mort devenue presque certaine; il la conduit à la première voiture qu'il rencontre, et l'accompagne à cheval jusqu'au palais de l'Élysée. Ce soin rempli, il revient en toute hâte pour donner ses ordres; il n'était plus temps; quelques minutes avaient suffi pour tout perdre; les bâtimens n'existaient plus, on ne trouvait à leur place qu'un incendie, du sang et des cadavres.

Au moment de cette catastrophe épouvantable, Napoléon se fit voir sous le jour le plus avantageux, par le zèle qu'il mit à secourir lui-même les victimes de cette funeste soirée; il se multiplia, se montra partout, prouvant que ce n'était pas pour lui qu'il craignait le plus. Les malheurs que cet incendie occasiona furent immenses : le prince Kourakin, ambassadeur de Russie, fut cité parmi ceux qui, sans perdre la vie, eurent le plus à souffrir. En essayant de sortir de la salle, il tomba sous l'escalier; la foule passa sur son corps; il fut brûlé, meurtri, abîmé, et pendant long-temps on désespéra de sa vie.

Plus de quatorze personnes trouvèrent la mort à cette fête. La princesse de la Leyen, belle-sœur du prince primat, fut de ce nombre, ainsi que la princesse de Schwartzenberg, belle-sœur de l'ambassadeur d'Autriche. Celle-ci mourut victime de son ardent amour maternel. Ne voyant pas sa jeune fille auprès d'elle, et la croyant dans les flammes, elle s'y élança pour l'y chercher et l'en retirer, et l'infortunée trouva la mort affreuse à laquelle sa fille venait d'échapper.

Ce fut une chose horrible que le spectacle que présenta le jardin durant la nuit: la clarté brillante des illuminations effacée par la lueur de l'incendie; des femmes, étincelantes de diamans et dans la splendeur d'une parure somptueuse, fuyaient la mort qui semblait les poursuivre; plus d'une se noya dans un bassin petit et peu profond, soit qu'elles y fussent tombées évanouies, soit qu'elles s'y précipitassent elles-mêmes pour échapper à la flamme attachée à leurs vêtemens; on n'entendait que des cris d'angoisses, que des hurlemens de désespoir; les familles se cherchaient, tremblant de se trouver incomplètes; la mère pleurait son fils, la femme appelait son époux. Le nombre des personnes blessées fut considérable, on le fit monter à plus de cent; quelques unes succombèrent plus tard. On cita, entre autres, une famille venue exprès de Bade, et dont il ne survécut qu'un seul membre; les cinq autres périrent, soit au moment de l'incendie, soit peu de jours après, des suites de leurs blessures.

La vivacité de la flamme était telle, que la reine de Naples, qui marchait à la suite de l'empereur, ayant fait une chute, dut d'être sauvée à la présence d'esprit du grand-duc de Wurtzbourg; le roi de Westphalie et le comte de Metternich l'emportèrent dans leurs bras. Effrayée, elle poussait des cris horribles et se débattait contre ses sauveurs, comme s'ils l'eussent entraînée pour la précipiter eux-mêmes dans les flammes.

La vice-reine d'Italie était grosse; le prince Eugène, craignant qu'elle ne se blessât, et ne voyant pas le péril aussi imminent, était demeuré avec elle au fond de la salle, pour la dégager de la foule, et espérant sortir à temps; mais cette voie de salut ne tarda pas à leur être fermée : la chute rapide des lustres lui coupa le passage; la mort était sous ses yeux et sa femme perdue. Au milieu de cette horrible situation, il se rappelle une autre issue pratiquée près du trône, et qu'il avait remarquée au commencement de la soirée; elle communiquait avec le dehors; il la cherche, la trouve, et, au hasard de se perdre, entraîne la princesse expirante.

Le prince Joseph de Schwartzenberg passa toute la nuit à chercher sa femme qui ne se trouva ni chez son frère, l'ambassadeur, ni chez la comtesse de Metternich; il doutait encore de son infortune lorsqu'au point du jour, on découvrit sous les décombres un corps défiguré, que le docteur Gall reconnut pour celui de cette malheureuse mère; les bijoux qui restaient à ses bras et à son cou achevèrent de fournir une certitude fatale : elle était fille du duc d'Aremberg, alors sénateur, avait huit enfans et était grosse du neuvième. Distinguée autant par les graces de sa personne que par la supériorité de son esprit et de son cœur, elle fut pleurée de ses nombreux amis. Sa perte causa des regrets amers.

Je ne rapporterai pas les contes sinistres, les présages, les allégations, les conjectures, que fit naître ce terrible événement. Des hommes capables de commettre tous les crimes, puisqu'ils en chargent autrui, osèrent prétendre que l'Angleterre, d'accord avec l'Autriche, avait allumé le feu pour faire périr Napoléon et sa famille; horrible mensonge, sans doute, que je signale seulement comme une calomnie, et qui ne pourrait trouver d'excuse que dans le souvenir de la machine infernale!

Dans l'automne suivant, on annonça la grossesse de Marie-Louise; personne, on peut le dire, ne reçut cette nouvelle avec indifférence. On voyait dans la naissance d'un fils de Napoléon le gage de la paix du monde; on le désirait, on le demandait à Dieu, espérant que, devenu père, Napoléon renoncerait à la guerre, comme si cela eût dépendu de lui.

Enfin les vœux universels furent accomplis.

Le 20 mars 1811, cent et un coups de canon annoncèrent à Paris que l'impératrice venait d'accoucher d'un prince qui fut qualifié en naissant du titre pompeux de roi de Rome; ses langes furent la pourpre impériale, et, comme l'a dit depuis Béranger, le poète, il eut pour hochet des sceptres et des couronnes.

La joie fut générale; les lyres recommencèrent à chanter cet autre événement. Chénier ne mêla pas sa voix aux autres; il venait de mourir jeune encore et plein de vie, ayant assez fait pour la gloire, mais chargé d'un grand crime et contempteur de notre Dieu.

Delille, que Chénier avait poursuivi pendant toute sa vie avec plus que de l'acharnement, dit à l'occasion de sa mort :

—Je perds un ennemi qui m'en voulait sans motifs, et la France perd un grand poète : c'était une ame vigoureusement trempée.

La venue du roi de Rome enivra l'empereur; il se crut indestructible. J'oserai dire, malgré la vénération que j'ai vouée à sa mémoire, qu'il se montra ingrat envers le prince Eugène. Il lui ravit alors jusqu'à l'espérance de posséder un jour la couronne d'Italie, ne lui donnant pour tout dédommagement que la succession éventuelle des États du prince primat, déjà donnée au cardinal Fesch, et qu'on retira à ce dernier pour la transmettre au prince Eugène.

Que de bruits saugrenus coururent alors, répandus et acceptés par la haine! selon les uns, l'impératrice était accouchée d'un enfant mort; selon les autres, d'une fille; que sais-je? On prétendit aussi que Dubois, l'accoucheur, avait apporté dans son manteau un enfant mâle; selon d'autres versions, c'était dans une bassinoire que l'enfant avait été introduit dans le lit de l'accouchée. Je ne rappellerai pas tous les contes absurdes que fit bientôt tomber la ressemblance frappante du petit roi avec son père.

L'année 1811 s'acheva calme et paisible; elle fut seulement agitée par les discussions devenues plus vives entre le pape et l'empereur. Je ne répèterai pas ici ce qu'on trouve partout : c'est à savoir les scènes faites par Napoléon au conseil d'État et aux Tuileries, au comte Portalis et à l'abbé d'Astros. Celui-ci, très-innocent, fut horriblement mal-mené, perdit la tête et ne prononça aucune parole; il ne fit que balbutier et remuer les bras; je fus témoin oculaire de cette scène. Depuis on a prêté à l'abbé d'Astros de belles paroles arrangées après coup. Il se peut qu'il ait pensé ce qu'on lui a fait dire; mais je puis assurer qu'il n'en dit pas un mot. Arrêté à la sortie du château, il fut mis en une dure captivité [1].

Le comte Portalis, comme ministre des cultes, était accusé et en effet coupable de colporter lui-même la bulle d'excommunication, lancée par le pape contre l'empereur. Il en avait une copie dans son chapeau, à la fameuse séance du conseil d'État, où sa disgrace fut consommée. A dater de ce moment, il tomba dans un discrédit dont il ne se releva qu'à la restauration.

Ces coups de foudre annonçaient l'orage; on

[1] Il est aujourd'hui archevêque de Toulouse; c'est un prélat doux, charitable, pieux, adoré dans son diocèse qu'il édifie par sa vie et sanctifie par ses vertus.

ne savait sur quelle tête il tomberait : chacun se tenait coi.

A la même époque, ou un peu plus tard, une autre tempête souffla sur une personne bien autrement illustre, sur la baronne de Staël. Cette femme, je serais quelquefois tenté de dire cet homme, douée d'un génie puissant, détestait Napoléon qui n'avait pas voulu de ses conseils politiques et administratifs. Madame de Staël avait la manie de vouloir régner et de se croire propre à gouverner les nations. Au lieu de prendre la chose en pitié, comme certainement il aurait dû le faire, Napoléon grandit madame de Staël de ce qu'il y eut d'un peu mesquin dans sa mauvaise humeur. Elle se crut un des monarques ligués contre lui; et la fille de M. Necker n'a que trop prouvé que la supériorité de l'esprit était en effet une puissance redoutable.

Madame de Staël ne pouvait vivre qu'à Paris; Napoléon lui livrait le reste du globe, et elle se plaignait de l'esclavage auquel il la condamnait. Singulière anomalie qui ne voyait de liberté que dans la seule ville où siégeait le despote dont elle se plaignit si fort.

Retirée d'abord à Coppet, elle avait demandé la permission de traverser la France pour passer en Amérique. Elle l'obtint, et fut ensuite autorisée à séjourner provisoirement au château de Fossé, chez M. de Sallabery, lui-même en surveillance, pour y corriger les épreuves de son livre de *l'Allemagne*. Dans cet ouvrage, son goût germanique immola sans pitié notre littérature à celle d'outre-Rhin; c'était une opinion comme une autre, qu'on pouvait émettre, qu'on aurait combattue; mais elle s'avisa d'y faire intervenir l'homme conquérant qu'elle peignit avec des couleurs trop évidemment empruntées à la haine. C'était plus que de l'imprudence; aussi son livre fut-il saisi et mis au pilon, et l'auteur reçut l'ordre de poursuivre sa route.

La faute commise, il fallut en supporter les suites; alors recommencèrent les supplications, les sollicitations, les démarches. En réponse à ses lettres éloquentes, Savary lui adressa une réponse que je rapporterai ici comme un monument d'inconvenance envers une femme; et en même temps de maladresse. Les grands hommes ne sont jamais plus mal servis que par leurs flatteurs.

Paris, 3 octobre 1810.

« J'ai reçu, Madame, la lettre que vous m'a-
« vez fait l'honneur de m'écrire. Monsieur votre
« fils a dû vous apprendre que je ne voyais pas
« d'inconvéniens à ce que vous retardassiez
« votre voyage de sept à huit jours. Je désire
« qu'ils suffisent aux arrangemens qui vous res-
« teront à prendre, car je ne puis vous en accor-
« der davantage.

« Il ne faut point chercher la cause de l'ordre
« que je vous ai signifié dans le silence que
« vous avez gardé à l'égard de l'empereur dans
« votre dernier ouvrage, ce serait une erreur;
« il ne pouvait pas y trouver une place qui fût
« digne de lui; mais votre exil est une consé-
« quence naturelle de la marche que vous avez
« suivie constamment depuis plusieurs années.
« Il m'a paru que l'air de ce pays ne vous con-

« venait point, et nous n'en sommes pas encore « réduits à chercher des modèles chez les peu« ples que vous admirez.

« Votre dernier ouvrage n'est point français ; « c'est moi qui en ai arrêté l'impression. Vous « savez, Madame, qu'il ne vous avait été permis « de sortir de Coppet, que parce que vous aviez « exprimé le désir de passer en Amérique. Si « mon prédécesseur vous a permis de résider « dans le département de Loir-et-Cher, vous « n'avez pas dû regarder cette tolérance comme « une révocation des dispositions qui avaient « été arrêtées à votre égard; il ne faut s'en « prendre qu'à vous qui m'obligez aujourd'hui « de les faire exécuter strictement.

« Je mande à monsieur de Corbigny (pré« fet du département), de tenir la main à « l'exécution de l'ordre que je lui ai donné, « lorsque le délai qui vous est accordé sera ex« piré.

« Je regrette, Madame, que vous m'ayez con« traint de commencer ma correspondance avec « vous par une mesure de rigueur; il m'aurait

« été plus agréable de n'avoir qu'à vous offrir le « témoignage de la haute considération avec la« quelle j'ai l'honneur d'être votre très-humble « serviteur.

Signé, le duc de Rovigo.

« P. S. J'ai des raisons, Madame, pour vous « indiquer les ports de Lorient, la Rochelle, « Bordeaux et Rochefort, comme étant les seuls « dans lesquels vous pouvez vous embarquer. « Je vous invite à me faire connaître celui que « vous aurez choisi. »

Jamais madame de Staël n'avait songé sérieusement à quitter l'Europe pour aller en Amérique; elle n'avait mis ce projet en avant que pour obtenir le droit de traverser la France, de se rapprocher surtout de Paris; aussitôt qu'on la contraignit à prendre un parti, elle se décida à retourner à sa belle terre de Coppet, où elle séjourna jusqu'au moment où elle se retira de la sphère d'attraction de l'empereur, en passant en Italie et puis en Allemagne.

Admirable génie qui nuisit à tous ses amis,

qui ne s'inquiéta jamais de les compromettre, et qui n'eut, par le fait, jamais un jour de bonheur! Oh! que la médiocrité d'esprit vaut mieux et qu'elle rend l'existence plus paisible!

Madame Récamier, M. Mathieu de Montmorency, M. de Barante, père, et quelques autres, furent punis de leur attachement à madame de Staël. Le faubourg Saint-Germain, qui ne pouvait la souffrir, n'en prit pas moins son parti dans cette circonstance où l'on accusa l'empereur de tyrannie. S'il fut coupable, ce fut seulement de trop de longanimité. Chaque jour, madame de Staël l'attaquait de mille façons; sa correspondance avec toute l'Europe n'était qu'une diatribe continue, où elle cherchait partout à fomenter les haines, à diminuer l'attachement des peuples envers Napoléon. Malgré la supériorité de son esprit, elle se montra bien légère, mais ne fut pas criminelle.

M. de Chateaubriand, un de ses admirateurs, tomba dans une nouvelle disgrace dont sa bouteille d'eau du Jourdain, pour le baptême du roi de Rome, ne put le débarbouiller. Il avait accepté à l'Académie française la succession de Chénier, et, dans son discours de réception, tel qu'il l'aurait prononcé, il vantait sans doute le littérateur excellent, mais il lui reprochait son régicide avec une chaleur, une véhémence qui firent tressaillir les membres du comité, chargés de s'entendre avec le récipiendaire sur ce qu'il dirait et sur ce qu'on lui répondrait.

On détermina que jamais ces pages accusatrices, et qui remettaient en jeu la révolution, ne seraient prononcées. M. de Chateaubriand persista et demeura à la porte de l'Académie. Le bruit de ce débat parvint à l'empereur qui voulut voir le manuscrit; il en fut indigné et fit dire au nouvel académicien : « Si ce discours frénétique et fanatique eût été prononcé en public, j'aurais fait fermer les portes de l'Institut et jeter l'auteur dans un cul de basse fosse. »

Ce ne fut pas tout. Ayant aperçu le comte de Fontanes à son lever, il vint à lui; d'un ton haut et avec ces éclats de voix qui faisaient tout trembler, il lui dit à brûle-pourpoint. — Comment, Monsieur! est-ce bien vous qui avez voulu autoriser une pareille diatribe? Si M. de Chateaubriand est fou ou séditieux, on saura l'envoyer à Charenton..... et puis c'est peut-être son opinion personnelle qu'il expose; il ne doit pas en faire le sacrifice à ma politique qu'il ignore; mais vous qui la connaissez, vous dont les opinions sont connues, quelle excuse pouvez-vous alléguer?

Le comte de Fontanes, surpris, chercha quelques paroles pour se défendre. — Non, Monsieur, reprit l'empereur, vous ne pouvez pas souffrir qu'on expose devant vous de pareilles doctrines; elles tendent au désordre! Ne suis-je donc qu'un chef de bandits: je n'ai détrôné personne..... La couronne était à terre, le peuple l'a ramassée pour la poser sur ma tête....., le choix du peuple est celui de Dieu; l'un et l'autre doivent être respectés. Si vous contestez les droits du peuple dans les circonstances actuelles, c'est provoquer de nouvelles révolutions, d'autres bouleversemens; c'est se montrer l'ennemi du repos public. Que signifie cette nouvelle proscription de régicides et de conventionnels.....?

Comment ose-t-on réveiller des souvenirs si délicats! Êtes-vous plus difficile que l'impératrice? imitez sa généreuse ignorance : elle aurait peut-être des comptes sévères à régler avec des membres de la Convention. Elle ne veut pas savoir de qui elle a à se plaindre. Prenez-y garde, je ne veux pas que le fruit de mes travaux soit perdu, et que, dans le cas où je viendrais à vous manquer, la guerre civile recommençât avec une nouvelle fureur.....

L'empereur alors se frappa le front de ses mains à plusieurs reprises, en marchant d'un pas précipité; puis il ajouta :

— Ah! pauvre France, combien de temps encore as-tu besoin de tuteur!..... J'ai fait tout au monde pour effacer les traces des partis; j'ai réuni dans les mêmes appartemens, fait asseoir aux mêmes tables, boire dans les mêmes verres... Depuis que je suis à la tête du gouvernement, m'a-t-on jamais entendu demander ce qu'on avait été, ce qu'on avait fait, dit, écrit? Qu'on m'imite... Je n'ai jamais fait qu'une question, on ne m'a connu qu'un but unique : *Voulez-vous* é[illegible]n *Français avec moi ?* et, sur l'affirmative, j'ai poussé chacun dans un défilé de granit, sans issue à droite et à gauche, obligé de marcher vers l'autre extrémité où je montrais de la main l'honneur, la gloire, la splendeur de la patrie.

Le comte de Fontanes se crut perdu. Il demanda pour le lendemain une audience où il devait apporter la démission de ses charges. L'audience lui fut accordée; mais, avant qu'il eût eu le temps d'ouvrir la bouche, l'empereur lui dit : — Comte, je sais pourquoi vous venez; je n'accepte pas la cessation de vos services. Hier je vous ai fait de la peine; mais, si je parlais à vous, la leçon était pour d'autres. Je ne doute ni de votre fidélité, ni de votre zèle. Oublions le passé.

CHAPITRE VIII.

L'EMPEREUR s'était bercé de la pensée que les opinions étaient fondues dans une seule; il se trompait; on tremblait devant lui, mais on ne renonçait à aucune haine, à aucun espoir de vengeance. S'il eût régné trente ans encore, si son fils, avec autant de force, eût à son tour régné pendant quarante ans, sous ces deux générations successives, offrant ensemble une durée de quatre-vingts ans, le souvenir de la révolution eût pu s'éteindre avec les haines qu'elle avait enfantées; mais la puissance de Napoléon ne comptait encore que dix ans d'existence.

Les Jacobins décriés, déconsidérés, trahis par leurs chefs, auraient disparu les premiers; l'ancien régime, la vieille noblesse se fût peu à peu accommodée de la nouvelle, et alors il n'y aurait plus eu de dissidence. Napoléon en créant sa noblesse commit une faute énorme; il ne l'étendit pas assez. Il fallait d'un même coup anoblir tous les militaires jusqu'au grade de capitaine inclusivement; les fils de tous les officiers morts pour la patrie, tous les magistrats, les administrateurs, les hauts fonctionnaires, les chefs, dans les villes de France, du commerce, de l'industrie; les grands propriétaires, les officiers municipaux ayant vingt ans d'exercice; enfin leur adjoindre l'ancienne noblesse, se réservant seulement le droit de donner de nouveau ou de reconnaître les titres, suivant que le titulaire en serait digne. Par là, on eût coupé court aux usurpations, sans humilier les usurpateurs qui eussent eu la consolation de se plaindre de ce qu'on ne leur rendait pas leur noblesse, leur couronne étant de nouvelle date.

Par ce moyen, Napoléon aurait réuni en faisceau trois ou quatre millions de gentilshommes dans tout son vaste empire, gens charmés de leur position, qui par leur nombre eussent fait corps. Les nobles auraient été forcément militaires; tout autre service ne leur aurait été permis que lorsque les médecins eussent constaté la faiblesse de leur santé. Une pareille institution eût donné au trône une base large et solide; en effet, sur quatre millions environ de nobles, hommes ou femmes, on aurait pu établir une réserve armée, de trois cent mille hommes en état de combattre; et, comme c'eût été un corps d'élite; on aurait nécessairement triomphé avec son concours. Cette idée qui m'appartient n'est pas d'aujourd'hui; la croyant bonne, j'en fis le sujet d'un mémoire que je plaçai dans le panier aux requêtes, bien certain qu'il passerait sous les yeux de l'empereur. Napoléon en prit effectivement connaissance, et lorsqu'il en eut achevé la lecture, il m'envoya chercher.

—Hé bien! me dit-il aussitôt qu'il me vit entrer dans son cabinet, mes chambellans font donc de la politique! Vous aussi, vous composez une noblesse, vous manœuvrez sur des masses. Y pensez-vous? quoi, tous les officiers, tous les juges, les administrateurs en exercice depuis vingt ans? Il doit dans le nombre y avoir des misérables, des gens tarés, et qui, dès le premier instant, déshonoreraient ma noblesse?

—Sire, cela ne pourrait avoir lieu, s'il plaisait à Votre Majesté de créer un comité d'enquête dans chaque département; par ce moyen, vous connaîtriez bientôt le pur et l'impur, les honnêtes gens, et le *caput mortuum*. Sans doute, il existe dans le monde une foule de chevaliers d'industrie qui réussissent partout; mais c'est parce que, perdus dans la foule d'une grande ville, ils ne sont pas connus. En province, ils seraient immédiatement signalés s'ils avaient l'audace de se présenter, ou plutôt ils ne se présenteraient pas. Il faudrait que tout aspirant aux honneurs d'un écusson l'allât chercher dans sa ville natale.

L'empereur me parut un moment surpris de l'étendue de mon plan, puis il me dit : — Ceci est trop vaste ; on rirait de cette multitude d'anoblissemens.

— Cela se peut, Sire, mais qu'importe? Les nobles, fiers d'être choisis, formeraient autour de votre trône une barrière inexpugnable.

— Vous pouvez avoir raison ; je verrai, j'examinerai... Quoi que je décide, je vous félicite de cette idée. Cependant la noblesse est un corps qui ne doit se composer que peu à peu.

— Si Votre Majesté me le permet, je lui ferai observer que cela est de toute vérité, quand un premier noyau de noblesse existe déjà ; mais quand on a fait table rase, il convient peut-être qu'une institution rendue à la vie reçoive en même temps une force conservatrice que lui donnera le nombre ; autrement, Votre Majesté aura à son service plus de préfets, de sous-préfets, de magistrats et de fonctionnaires publics, que de nobles, et ce ne sera pas parmi eux que l'on trouvera des hommes capables de défendre le trône impérial, les armes à la main.

— Il y a du bon dans votre projet, reprit Napoléon ; je vous le répète, j'y penserai.

Là dessus l'empereur me congédia, et, depuis ce jour, il ne manqua aucune occasion de me témoigner une bienveillance qui m'attacha de plus en plus à sa personne.

La société, sous l'empire, avait conservé des goûts frivoles. Elle aimait les plaisirs de l'ancien temps, les mystifications surtout. Un homme d'argent, tout d'argent, ne rêvait qu'aux moyens d'augmenter son trésor : il cherchait une cour obérée qui voulût lui passer un emprunt où il eût gagné des sommes énormes et des honneurs dont il était passablement avide.

M. Degran....., malin personnage et que S.... avait presque ruiné par des prêts usuraires, le ménageait cependant et l'invitait quelquefois à dîner.

— Parbleu, mon cher S....., lui dit-il un jour,

si vous étiez capable de garder un secret, je pourrais vous ménager une brillante affaire. On peut y gagner de trente à quarante millions au moins ; c'est une affaire colossale.

— Laquelle? demande S....., convoitant déjà les bénéfices qu'on lui montrait en perspective ; mettez-moi au courant. Parlez.

— Non pas, s'il vous plaît ; le secret révélé, vous en profiteriez ; et puis adieu la compagnie.....

S..... se récrie et vante sa probité. Degran..... n'en doute pas, mais il veut des garanties et propose ses conditions. Elles sont acceptées : un million si l'affaire dépasse dix millions, et cent mille francs de moins par chaque million au dessous du chiffre. En attendant, dépôt de six cent mille francs chez un notaire, et, en sus, vingt mille francs de pot de vin que S.... soldera entre les mains de Degran...., et que celui-ci rendra si, au bout de vingt-quatre heures, il y a dédit. Tout ainsi bien arrêté, Degran..... reprend très-sérieusement la parole.

— Vous savez, dit-il, que l'empereur tend à

détruire l'empire des Anglais dans l'Inde. Il leur cherche des ennemis : les princes de cette contrée, qui voient dans Napoléon leur protecteur naturel, ceux même de Perse, mal-menés par les Anglais, ont fait un fonds commun d'une somme d'un milliard en attendant mieux, c'est-à-dire les contingens de la Chine et du Japon, à qui l'ambition anglaise inspire des craintes sérieuses. Ils se figurent que le cabinet de Londres les envahira un jour. Ces princes envoient à Paris, mais sous un voile mystérieux, le roi ou sultan de Visapour (il est propriétaire de la fameuse vallée de Cachemire, l'Eldorado, le Paradis terrestre indien. Ce sultan use de précautions infinies pour n'être pas découvert. Napoléon, qui comprend la nécessité des précautions, veut que cet envoyé, qui apporte trois cents millions du fonds commun, soit logé et soigné à Paris, dans une maison tierce, afin de dérouter les espions. Il viendra vous voir; il s'accoutumera à vous, et vous récompensera de la dépense dont vous ferez les premières avances. Vous comprenez qu'il faut faire les choses magnifiquement. On dira que c'est un schérif de la Mecque, votre obligé, qui vient vous voir. Vous le recevrez dans un bel hôtel, avec luxe, et vous suivrez avec lui la négociation. Le moins que vous puissiez obtenir est l'entreprise générale des fournitures de la grande expédition.

L'avidité rend crédule. Les hommes avides ne peuvent d'ailleurs se figurer, quand on parle de l'or, qu'on n'en parle pas sérieusement. S... prend la balle au bond; il meuble l'un de ses hôtels avec un luxe inoui; il arrête des domestiques, fait les choses avec magnificence, sans compter les vingt mille francs perdus; car les vingt-quatre heures après la confidence s'étaient écoulées sans aucune renonciation de sa part.

M. Degran..... poursuit sa plaisanterie. Un général de ses amis, qui a été en Égypte, prête de pompeux costumes orientaux; et, un beau soir, cinq à six carosses amènent le roi de Visapour, qui était resté dans le plus strict incognito à Fontainebleau. Il est accompagné de ses grands officiers et des seigneurs de la cour impériale, chargés de lui faire les honneurs de Paris. S..... descend dans sa cour, se prosterne devant le monarque, lui donne la main, le conduit sur un trône. Là, on lui présente une pipe de prix, des eaux glacées, des essences; de jolies filles représentent les odalisques. Musson, car c'était lui, répond en langue de Visapour; un jeune homme interprète son discours qu'il traduit avec un sang-froid imperturbable. Rien de plaisant comme la respectueuse attention de S.....

Cependant un concert, où les meilleurs artistes de Paris sont appelés, charme les auditeurs, et, pendant ce temps, plusieurs malles remplies du fonds commun traversent la salle pour être déposées dans celle où couchera sa majesté; car elles sont toutes remplies d'or et de pierreries. Un souper somptueux est servi après le concert. Le roi mange seul, assis sur son trône, mais il a l'indulgence de permettre que son cortége mange devant lui. S..... seul, une serviette à la main, fait les honneurs de sa maison.

On dessert; le prince chante, et cela pour faire chanter S..... qui ne se refuse à aucune complaisance. Enfin, comme on en était aux glaces, un domestique entre, s'adresse au maître de la maison, et lui dit qu'on le demande dans une pièce voisine. Il s'y rend, plein de confiance. Que voit-il? un commissaire de police, deux inspecteurs et six gendarmes, qui lui signifient que le gouvernement, instruit que lui, S....., a supposé un roi de Visapour à Paris, pour tromper les spéculateurs et leur gagner de l'argent à l'aide d'un crédit imaginaire, a donné ordre de s'emparer de sa personne et de celle du prétendu souverain. Qu'on juge du désappointement de S..... Il atteste ses grands dieux de son innocence, répète ce que lui a dit Degran..., et offre de faire arrêter à sa place le roi et ses gens. On a l'air d'y consentir; il rentre avec sa nouvelle compagnie dans la salle à manger, et, bouillonnant de colère, proclame sa mystification. Le sultan, indigné de passer pour un escroc, fait un appel à son monde; on tire des coups de pistolets à poudre, et on recommence le combat de Sancho-Pansa dans l'île de Barataria. On pousse, on culbute S.....; on le renverse, on éteint les lumières, et vainqueurs et vaincus gagnent la porte. Degran..... monta en voiture et alla visiter l'Italie avec ce qu'il appelait la restitution S.....Quant à celui-ci, horriblement vexé de la plaisanterie, mais comprenant le danger de la publier, il en étouffa le bruit à force d'argent, ayant pour se consoler le fonds commun, c'est-à-dire six vieilles malles pleines de cailloux.

Musson a porté au dernier degré de perfection l'art du travestissement ou plutôt de la métamorphose. Il faisait le bonheur des sociétés où il consentait à jouer le rôle d'un personnage supposé. Je l'ai vu, durant toute une soirée, soutenir le personnage d'un lord, avec une vérité telle, que l'illusion était complète. Il racontait simultanément deux histoires, l'une tragique, et l'autre comique, paraissant alternativement triste et gai, avec un naturel qui ne tombait point dans la charge. Une autre fois, c'était un sombre Castillan, altéré de vengeance, sans en dire le sujet, et qui, après s'être montré furieux pendant deux heures, nous apprenait qu'il s'agissait d'un lièvre enlevé à sa cuisine par le chat d'un voisin. Jamais, non jamais je ne retrouverai le rire fou qui nous saisit à cette découverte. C'était son courroux, son sang-froid, sa simplicité dramatique, qu'il fallait entendre lorsqu'il vint à faire son grotesque aveu, et le désappointement des badauds qui, s'étant arrangés pour frémir, ne concevaient plus ce qu'ils devaient faire, s'il fallait se fâcher ou prendre gaîment son parti.

Musson venait souvent chez Elléviou, ce chanteur si gracieux, cet acteur si agréable, surtout aux dames, et qui reproduisait avec une si prodigieuse vérité de ton et de manières les travers élégans, mais beaucoup trop sans façons, de nos jeunes militaires. On disait qu'Elléviou avait pris pour modèle le colonel Donnadieu. Elléviou était reçu dans la bonne compagnie d'une certaine sphère sociale. Je n'oserais assurer qu'au temps de sa vogue, il ne fut point admis dans les sanctuaires du faubourg Saint-Germain; mais du moins il n'entra point dans ces lieux réservés par la grande porte qui conduit au salon. On ne parlait que de ses bonnes fortunes, et, comme de coutume, on en exagérait le nombre. Les jeunes gens affectaient de le prendre pour modèle, car il y a toujours eu dans la jeunesse une grande tendance à imiter l'acteur à la mode; et, si l'on apprenait de Fleury l'art de porter l'habit habillé, le jabot et les manchettes de dentelles, l'épée, le chapeau à trois cornes, négligemment tenu à la main droite ou jeté sans affectation sous le bras gauche, et à se tenir alternativement sur chacune de ses jambes, pour laisser reposer l'autre, comme cela est de toute nécessité à la cour où les hommes ne s'asseyent pas, c'était Elléviou qui enseignait, par son exemple, comment, dans ses libres mouvemens, on devait saluer de la tête seulement ou du geste, papillotter son langage et se montrer sans gêne dans ses allures.

On racontait alors qu'Elléviou reçut un soir, après avoir joué le rôle de Versac, dans *Maison à vendre*, un de ces billets doux que lui prodiguaient les beautés philosophes.

— D'où vient cela? demanda l'acteur à l'émissaire.

— De madame la comtesse de.....

Elléviou ne le laissa point achever, et lui dit :

— Mon ami, remportez cette lettre, et dites

à votre maîtresse que je ne décachète que celles des duchesses.

C'est, comme on le voit, un mot fait à plaisir; mais qui, comme type des mœurs du temps, a quelque chose de vrai. Elléviou n'avait point cette fatuité; je sais de lui un trait qui lui fait honneur, et que je me plais à raconter.

Une jeune et très-jolie femme vint un jour chez lui, sous le prétexte de prendre des leçons de chant. C'était, comme on en peut juger, une tête à l'envers, mais tenant à une bonne famille et mariée à un homme tout-à-fait recommandable. Elléviou ne se fit pas illusion sur le motif réel de la dame qu'il avait séduite sans le vouloir; mais il ne profita point de l'occasion qui lui était offerte, et se conduisit en homme d'esprit, en même temps qu'en galant homme. Il la guérit de son amour par la jalousie; dès les premières leçons, il la prit pour confidente d'un amour imaginaire dont il exagéra la violence; chaque fois qu'il la vit, il lui parla de sa passion, de telle sorte que, par amour-propre, elle retint un aveu dont l'imprudence l'eût compromise.

Madame Gail avait pris des leçons d'Ellévìou ; elle lui dut en partie son beau talent musical, désespoir de son pauvre mari. Gail était pour nous, qui le connaissions, le plus malencontreux personnage qu'il fût possible d'imaginer. Il poussait jusqu'à la rage l'amour du grec, et désolait tous ceux qui suivaient son cours au collége de France. Doué d'une incroyable pusillanimité, il avait long-temps frémi de ce que son nom avait été prononcé avec éloge au club des Jacobins ; de là était née pour lui une série de tribulations dont quelques unes furent assez plaisantes. Dans sa frayeur, il s'était retiré, non pas tout-à-fait comme Diogène dans un tonneau, mais sous un cuvier oublié dans un galetas, et il passa, m'a-t-on dit, près de trois semaines dans ce singulier asile. Il y était encore lorsque le peintre David, qui lui voulait du bien, l'alla chercher et lui prouva combien sa terreur était panique. David fit plus ; au grand désespoir de Gail, il le proposa au comité de salut public pour l'ambassade de Constantinople, et cela parce qu'il savait le grec ; aussitôt que Gail fut informé des honneurs dont il était menacé, ne voulant point voir la terre classique du pal et du cordon, il retourna à son cuvier qu'il ne quitta plus que lorsque la république eut fait choix d'un autre ambassadeur près de la Porte ottomane.

Gail avait cela de particulier, qu'il avait autant d'horreur pour le grec moderne que d'enthousiasme pour la langue d'Homère dont seul, à l'entendre, il connaissait les secrets et possédait les exquises délicatesses. Deux fois dans ma vie il me fit subir les cruelles conséquences d'une invitation à dîner en tête à tête avec lui. Je ne saurais dire si le dîner était bon, car nous ne mangeâmes ni l'un ni l'autre. Il ne prit ni ne me permit aucune distraction, durant deux heures qu'il employa à me réciter divers fragmens de sa traduction de Xénophon.

Madame Gail était au contraire une femme charmante, la tête voilée. Bonne, aimable, spirituelle, bienveillante, son ménage me donna souvent une idée de ce qu'eût été celui d'Henriette des *Femmes savantes*, si, pour l'amour du grec, elle eût épousé Vadius ou Trissotin. Elle eut bien à souffrir avec son mari. Il ne pouvait pas lui entendre faire de la musique; c'était chaque jour une scène nouvelle; toujours armé de son grec, il l'en poursuivait incessamment, même quand elle était malade. N'y pouvant plus tenir, madame Gail prit un beau matin le parti de vivre de son côté; elle recouvra ainsi son indépendance et trouva dans la culture et l'enseignement de l'art qu'elle idolâtrait des ressources suffisantes. Sa mort causa de vifs regrets à ses nombreux amis. Quant à Gail, il passa fort inaperçu de ce monde dans l'autre; et si, lui, il ne laissa pas de regrets, il en emporta un bien cruel dans la tombe. « Hélas! disait-il, faut-il que je meure sans laisser après moi un seul homme capable de prononcer mon éloge en grec! »

Napoléon ne pouvait pas souffrir Gail; lui, Urbain Domergue, et quelques autres, il les appelait des collecteurs de diphthongues.

Cependant les querelles de l'empereur avec une partie du clergé montaient chaque jour au plus haut degré d'animosité. Le pape reprenait ses avantages en n'opposant plus qu'une force d'inertie à la force active de Napoléon. A une de ces audiences du dimanche aux Tuileries, apercevant un groupe d'évêques réunis, il s'arrêta devant eux : — Messieurs, leur dit-il, autrefois on vous appelait les princes de l'Église, on avait raison ; mais, depuis que vous êtes sous le poids d'une obéissance servile à l'évêque de Rome, vous n'en êtes plus que les bedeaux. » A la suite de ces mots prononcés brusquement, avec humeur, et que me rapporta l'évêque de Carcassonne, M. de la Porte, ayant remarqué un ecclésiastique hollandais de naissance et qu'il avait nommé à l'évêché de Bois-le-Duc, institué par lui sans le concours du pape, il lui fit signe de s'approcher. L'abbé Van Camp, évêque élu, mais non institué, car le pape lui avait refusé ses bulles, s'approcha de l'empereur.

— Vous êtes l'évêque de Bois-le-Duc?

— Oui, Sire.

— Comment va votre diocèse?

— Je dirai à Votre Majesté que je n'en sais rien.

— Pourquoi cela?

— Parce que je n'y mets pas les pieds, et que je ne me mêle pas de ce qui s'y passe.

— Vous avez tort; votre chapitre a dû certainement vous nommer vicaire capitulaire.

— Non, Sire.

— Et par quelle raison vous ont-ils refusé cette nomination?

— Par une très-bonne raison : c'est qu'il n'y a pas de chapitre.

— Ah! j'entends; mais il y a des curés, un clergé.

— Oui, Sire.

— Hé bien, ils n'ont qu'à vous donner des pouvoirs.

— Cela est impossible, Sire; ils ne peuvent donner ce qu'ils ne possèdent pas. Les canons d'ailleurs des saints conciles s'y opposent formellement.

— Et qui donc gouverne le diocèse?

— Un vicaire apostolique.

— Je ne le veux pas; qu'il cesse d'administrer. Je ne veux pas souffrir dans mes États d'autorité étrangère.

Cela dit, Napoléon alla quereller l'ambassadeur de Naples : il était de mauvaise humeur ce jour-là. M. Van Camp rejoignit les autres évêques, leur raconta le colloque que je viens de rapporter, et ajouta :

— Dans ce que l'empereur appelle mon diocèse, il n'y a pas un ecclésiastique qui consente à me reconnaître. J'étais reconnu seulement de mon secrétaire, digne prêtre ; hé bien, avant hier, il m'a donné la démission de ses fonctions en la motivant sur des scrupules de conscience.

Vers le même temps, et toujours par la même cause, l'empereur, surpris de la tournure que prenaient les affaires ecclésiastiques, appela dans son cabinet le cardinal Maury, l'archevêque de Malines et l'évêque de Carcassonne ; il leur exposa à sa manière l'état de la question et leur demanda conseil. Les deux premiers, craignant de lui déplaire, se tinrent sur la défensive, ce qui ne lui plut pas ; le troisième, plus sincère, répondit qu'il croyait tout accord impossible entre sa majesté et le souverain pontife. Ni l'un ni l'autre ne s'entendaient sur le point principal; il en serait de même de tous les autres. — Le pape, ajouta-t-il, ne veut rien accorder; Votre Majesté veut tout retenir; le moyen alors de s'entendre...... — Mais, dit alors l'empereur, on peut se passer du pape pour les affaires intérieures de l'Église gallicane, en abolissant le concordat de François Ier et en rétablissant les lois en vigueur antérieurement à cette époque..... — Sire, elle fut abolie du consentement des deux parties contractantes. Une seule a-t-elle assez de pouvoir pour suppléer au refus de l'autre?..... — Je puis au moins assembler mon clergé en concile; me désobéira-t-il en ne venant pas?.....—Non, Sire, dit alors Maury; l'idée est heureuse; la convocation d'un concile national a toujours eu lieu dans les temps difficiles......—Mais, reprit M. de la Porte, Votre Éminence oublie que le premier acte des pères du concile sera de reconnaître la suprématie du pape dans la lettre de communion qu'ils lui écriront d'abord; car ils ne prétendront pas à la souveraineté des conciles œcuméniques : un concile partiel n'est pas l'Église entière. Nous pourrons bien nous occuper de certains points de discipline ; mais là se borne l'autorité de l'Église nationale ; enfin, Sire, je dois vous le dire, on vous demandera, par la voix du concile assemblé, la liberté du saint-père.

— J'écraserais quiconque aurait cette audace ! s'écria l'empereur en faisant un geste terrible ; au reste, poursuivit-il en se remettant, nul d'entre vous n'aura cette témérité. Si le cas arrivait, ce serait une rebellion manifeste. Cependant je ne vois qu'un concile pour en finir ; j'espère que les membres dont il sera composé sauront concilier ce qu'ils doivent au pape et à moi. Messieurs, vous pouvez vous retirer.

Napoléon retint le cardinal Maury. En descendant le grand escalier des Tuileries, l'archevêque de Malines dit à l'évêque de Carcassonne : — Monseigneur, vous avez parlé avec beaucoup de chaleur.... — Mon cher confrère, il vaut mieux faire le saint Ambroise dans un salon, que plus tard l'imiter à Notre-Dame : le danger est moins imminent et la vérité s'y fait entendre tout aussi bien......

Le lendemain, le même évêque, M. Delaporte, alla voir le ministre des cultes, qui lui demanda ce qu'il pensait du nouveau Concile. — Je pense qu'il n'aura pas lieu. — On le convoquera pourtant.... — Et on le dissoudra bientôt.... — Y viendrez-vous?..... — Oui..... — La paix dont vous jouissez dans votre diocèse vous est cependant bien chère..... — Mon devoir m'appelle au Concile, et j'y paraîtrai..... — En ce cas, je n'ai rien à vous dire; vous serez prudent......

Le Concile, en effet, avorta dès la première séance; elle fut employée à jurer obéissance au pape; et, dès lors, l'empereur, redoutant ce qui pourrait avoir lieu dans la seconde, congédia le Concile convoqué avec tant d'apparat. Je n'insisterai pas davantage sur cette partie beaucoup trop sérieuse pour moi de l'histoire de l'empire. C'est aux lumières de l'Église qu'il appartient d'éclairer ces querelles funestes, et je reviens au salon d'honneur.

Plus nous allions en avant, moins il était

facile de se faire présenter aux Tuileries. La cour était redevenue un sanctuaire dont les adeptes s'isolaient chaque jour davantage du reste de la société, non point qu'il y eût hauteur de notre part, mais nos habitudes se formaient; vivant presque toujours ensemble, une sorte d'instinct nous conduisait de préférence dans les lieux où nous devions nous rencontrer, et ces lieux étaient, si je puis ainsi m'exprimer, des corollaires de la cour. Telles étaient, par exemple, les maisons des reines et des princesses du sang, dont le séjour était fixé à Paris.

Madame-mère avait un cercle plus borné que celui de ses filles et de ses brus; elle avait pour dame d'honneur madame de Fontanges, et, pour dames de compagnie, mesdames de Fleurieu, de Laborde-Méréville, de Bressieux, de Saint-Sauveur, d'Esterno, de Rochefort, d'Ally, nièce du cardinal de B......, et les deux duchesses d'Abrantès et de Dalmatie. Le comte de Beaumont, sénateur, *premier chambellan;* le comte Ferdinand de La Ville, sénateur et le baron d'Esterno, *chambellans ordinaires;* le duc, alors comte de Cossé Brissac, sénateur, et demeuré chambellan honoraire; *écuyer*, le baron de Quélen, *secrétaire des commandemens*; M. Decase, chevalier de la réunion et conseiller à la cour impériale de Paris.

Malgré les sollicitations pressantes de son fils, madame-mère vivait isolée; le tumulte l'importunait, et surtout les visages nouveaux. Elle aimait à revoir les mêmes personnes, et certes elle n'avait pas tort?

La reine d'Espagne, livrée à des exercices de haute piété, admettait encore moins la cour et les visites que sa belle-mère; toujours en prières, ou occupée de bonnes œuvres, étrangère aux tracasseries du monde, elle était sans vanité comme sans ambition. D'ailleurs, en sa qualité de reine d'Espagne, sa Maison intérieure aurait dû être tout espagnole, et jamais nous n'en vîmes figurer la composition sur notre almanach impérial.

La reine de Naples, la princesse Élisa, venaient trop rarement à Paris pour y tenir cour; elles faisaient des visites à leur frère. On allait alors chez elles où il y avait une grande affluence; puis près, elles retournaient dans leurs États, et c'était tout au plus si on s'en occupait.

La princesse Pauline faisait à Paris d'assez longues apparitions : elle y séjournait tant qu'elle ne se querellait pas avec l'empereur. Elle était gracieuse, jeune, jolie, et pourtant on la fuyait; et elle vivait presque toujours seule dans son bel hôtel du faubourg Saint-Honoré. Sa méchanceté, ses caprices, ses boutades, déplaisaient. Elle prenait plaisir à brouiller les ménages, et affichait ses amans avec une effronterie vraiment scandaleuse. M. de Canouville, que l'empereur envoya en Espagne où il trouva la mort, fut le plus aimé et aussi celui qu'elle mit le plus en évidence. Il passait les matinées en robe de chambre, coiffé d'un foulard, en tête à tête avec la princesse et chez elle, recevant les ouvriers, les intimes et même les dentistes. Il y a des anecdotes à ce sujet bien piquantes, mais trop connues pour que je les insère ici. Ce n'était pas un lieu de réunion journalière. Il n'y avait que la reine Hortense qui, toujours ou presque toujours à Paris, recevait une société choisie, nombreuse pourtant, et où l'on passait délicieusement de longues soirées.

La reine Hortense était véritablement la reine des arts : elle ne leur accordait pas une protection indifférente, elle les cultivait, les appréciait, et les aimait. Modeste, lorsqu'elle aurait pu avoir un juste orgueil, elle cherchait à encourager les artistes en les applaudissant, en les comblant de douces paroles qui dans sa bouche connaisseuse avaient tant de prix, en leur faisant des cadeaux, des pensions, et en sollicitant pour eux des récompenses de l'empereur. Elle avait une voix très-agréable dont elle se servait avec un goût infini, touchant du piano, pinçant de la harpe, sans dédaigner la guitare. D'Alvimare, le harpiste célèbre, gentilhomme que la révolution avait jeté hors de sa sphère, qui s'est créé une vraie réputation par la musique d'une foule de romances empreintes de sensibilité, de mélancolie, d'exaltation chevaleresque et de traits spirituels, fins et délicats, toujours chanteur et mélodieux, préférant l'expression à une harmonie savante, était devenu le double roi de la romance et de la harpe. Rappelé, à la restauration, à son ancien rang, il est demeuré le plus aimable, le meilleur et le plus aimé des hommes. Rempli d'urbanité et de nobles sentimens, il est regretté de ceux qui ne le voient plus, et sans doute il fait le charme de ceux qu'il a conservés dans son intimité. Paris le regrette, et les fidèles qu'il y a laissés, en conservant sa mémoire, le voient toujours avec joie reparaître parmi eux.

La reine Hortense composait elle-même des romances et des chansons dont elle faisait les paroles, la musique et les accompagnemens. Qui ne les connaît? qui ne les a pas chantées? Quelle mémoire n'a pas retenu : *Partant pour la Syrie*, et tant d'autres aussi célèbres, que les dames aimèrent, que le goût avouera toujours. Elle peignait en outre, et ses dessins chevaleresques, ses paysages, ses compositions, remplis d'esprit et d'originalité, prouvent qu'elle aurait pu se suffire à elle-même, et que son éducation bien entendue avait été poussée aussi loin que possible.

Tant de mérite, un entourage aimable, attiraient la foule chez cette reine dont la maison française, dans les derniers temps, était ainsi composée.

Dame d'honneur. La comtesse de Caulincourt, noble femme, aux très-belles manières, gracieuse, digne, et bien faite pour être à la tête du service d'honneur de son aimable princesse.

Dames pour accompagner. La comtesse d'Arjuzon, la baronne de Brock, dont la fin fut si horrible, mesdames de Villeneuve et madame Harel de Kessel.

Lectrice. Mademoiselle Cholet, demeurée fidèle au milieu de tant de malheurs.

Chambellans. Le comte d'Arjuzon et M. de Villeneuve.

Écuyer. M. le baron de Turgot, aujourd'hui pair de France, officier très-distingué par sa naissance et ses qualités.

Intendant. M. le baron de Vaux.

Secrétaire des commandemens. M Després.

Sous-gouvernantes des enfans. Mesdames de Boucheporn et de Mailly.

Les étrangers de distinction de tous les pays de l'Europe aimaient à se faire présenter chez la reine de Hollande. C'était la seule qui représentât, la seule qu'on trouvât, magré ses malheurs, toujours bonne, toujours égale, et charmante à faire oublier aux autres les chagrins nombreux dont son cœur était rongé. On dansait chez elle; on y donnait des concerts embellis par tous les grands artistes, alors à Paris; on y faisait des lectures d'ouvrages nouveaux; mais on n'y jouait jamais gros jeu: c'était donc la seule maison princière où l'on reçût. Les soirées du prince archichancelier avaient bien lieu deux fois par semaine; mais était-ce une société? non, c'était une simple défilade où, dans moins d'une heure et demie, deux mille personnes venaient à la queue lui faire une révérence que le maître du lieu n'avait pas le temps de rendre, et à peine le temps d'apercevoir. L'archi-trésorier recevait aussi chaque samedi, mais je ne crois pas qu'on ait vu plus de quarante à cinquante carrosses à sa porte.

Les ministres avaient un jour où la foule venait circuler autour d'eux; c'était un brouhaha, une cohue où il était impossible de se reconnaître. De loin à loin, et à de certaines époques, quelques ambassadeurs donnaient des fêtes. Le comte de Marescalchi, ministre des affaires étrangères du royaume d'Italie, mais résidant auprès de l'empereur, gardait en permanence, dans son jardin, la salle provisoire qu'il avait construite par ordre de sa majesté, dans je ne sais plus quelle circonstance. Tant que Joséphine régna, on vit à son cercle des femmes françaises, suédoises, russes, allemandes, autrichiennes, italiennes et espagnoles, de la plus grande distinction, et elle recevait souvent. On jouait au théâtre des Tuileries la tragédie, quelquefois la comédie, le grand opéra, l'opéra comique, l'opéra seria ou buffa. Napoléon avait pour le théâtre italien une prédilection qu'il manifestait par l'épanouissement de sa figure. Là chantaient, et là seulement, le divin Crescentini et madame Grassini. Là, pour la première fois se fit entendre madame Catalani, cet oiseau miraculeux sous la figure d'une femme. Aux spectacles de la cour, les hommes invités, tous en grand costume ou en riches habits, composaient le parterre; les premières loges étaient garnies des dames de la ville qui ne jouissaient pas des honneurs du palais. La loge de leurs majestés était à gauche, très-somptueusement ornée; des domestiques en livrée d'apparat présentaient dans les entr'actes des rafraîchissemens et des glaces à profusion et sans distinction de personnes présentées ou non.

Le coup d'œil de la salle était ravissant; il présentait une variété piquante de couleurs, d'étoffes, de broderies, de cordons de diverses nuances, de plumes, de rubans, de fleurs. On y voyait une quantité de robes d'or et d'argent, garnies ou brodées de festons, de fourrures, de clinquans; et, au milieu de cette profusion de parures, étincelaient les diamans blancs, jaunes, les pierreries royales, saphirs, rubis, opales, émeraudes, turquoises, améthistes, aigues-marines, chrysopras, escarboucles, chrysoberis, hyacinthes, agathes, calcédoines, grenats, que sais-je? on aurait dit un véritable parterre de fleurs où la rosée tremblotait en étincelles brillantes et radieuses.

On donnait aussi des bals aux Tuileries ; ils étaient de la plus grande magnificence. Ce qu'on appelait les quadrilles des reines se composait d'un certain nombre de seigneurs et de dames ; on n'était jamais moins de huit ni plus de seize. Tous, uniformément habillés selon le costume d'une époque déterminée ou d'une convention fabuleuse, formaient des entrées de ballets.

La reine Hortense, la reine de Naples, la grande-duchesse de Toscane et la princesse Borghèse aimaient ce genre de divertissement. On s'en occupait, on en parlait quinze jours après ; cela donnait à la cour une physionomie splendide, animée surtout, qui la montrait aux voyageurs sous un aspect brillant et avantageux. On se croyait ramené aux pompes de Louis XIV, et on aimait mieux retourner à cette époque qu'aux scènes hideuses et sanglantes de notre révolution. Quand il y avait jeu aux Tuileries, c'étaient les cercles ordinaires ; encore souvent des concerts en rompaient-ils la monotonie. L'impératrice et l'empereur faisaient chacun séparément une partie de whisk ; à la table de jeu de l'empereur était toujours un des grands officiers de la couronne, et la dame d'honneur à la table de l'impératrice. Pour compléter la partie à chaque table, l'empereur faisait ordinairement désigner deux étrangers choisis parmi les princes en visite ou dans le corps diplomatique.

Les glaces, les fruits exquis, les compotes, circulaient partout avec une profusion vraiment royale.

Après le divorce, Joséphine cessa de représenter avec éclat. Sa retraite était triste, mélancolique; une fois seulement elle en rompit la monotonie : ce fut à la naissance du roi de Rome. Elle donna alors une fête impromptu dont elle fit les honneurs avec sa grace accoutumée. Mais comme tout était changé dans les résidences impériales depuis que sa présence avait cessé de donner de la vie et du mouvement aux salons des Tuileries, de Saint-Cloud et de Fontainebleau! Ces beaux lieux furent depuis ce moment condamnés à de froides splendeurs, à de magnifiques évolutions d'étiquette. On eût dit Marie-Louise prédestinée à rompre toute transition lors du retour des hôtes chagrins qui devaient en reprendre possession, en exceptant toutefois de ces derniers madame la duchesse de Berri.

Marie-Louise aimait peu le bruit; et d'ailleurs j'ai dit pourquoi il ne convenait pas à M. Montebello qu'elle cherchât des plaisirs qui auraient pu l'amener à former d'autres liaisons.

Et puis, il faut bien le dire, l'empereur était jaloux. Il ne se souciait nullement, malgré l'incommensurabilité des distances, de placer trop souvent sous les yeux de sa jeune épouse, l'élégance brillante et avantageuse, la tournure martiale et l'air conquérant de ses jeunes généraux. Ces causes et quelques autres, bannirent des Tuileries tous les divertissemens non officiels. Mon excellent ami, Ségur, en sa qualité de grand-maître des cérémonies, devint le suprême régulateur de toutes choses; le luxe de la cour fut plus éblouissant que jamais; ses pompes furent plus majestueuses, mais tout y parut compassé comme dans les jardins de Versailles. Le profond respect seul osa s'y manifester; la flatterie même se condamna au silence, dans la crainte de montrer trop de hardiesse; et, deux années durant, c'est-à-dire, jusqu'au moment où poignirent les revers à l'horizon du Nord, la cour impériale n'eut plus qu'une seule et même physionomie dont rien ne troubla la froide uniformité.

CHAPITRE IX.

Maintenant laissons la cour pour la ville, tout en nous occupant à suivre le mouvement social sous l'empire.

Honneur soit d'abord au faubourg Saint-Germain! On y avait perdu le goût et l'usage des plaisirs bruyans. Dans certaines maisons on boudait encore; dans plusieurs autres on vivait presque avec la rigidité des mœurs claustrales, dans la pratique d'une dévotion résignée. D'une autre part, ce que l'on appelait la société du faubourg Saint-Germain était considérablement diminué, depuis l'adjonction d'une partie de ses membres à la cour de l'empereur, ou de son admission dans diverses fonctions incompatibles avec le séjour de Paris. Et puis, la jeunesse y était devenue peu nombreuse. Parmi les familles restées fidèles à leurs souvenirs d'autrefois, il y en eut bien peu, surtout après la naissance du roi de Rome, qui, en gardant la foi, purent conserver l'espérance; or, celles-ci ne voulaient point priver leurs enfans des chances d'un avenir qui ne paraissait plus douteux, et prendre sur soi la responsabilité de leur interdire à jamais les carrières qui s'ouvraient devant eux. D'autres avaient leurs fils aux armées, exposés au soleil brûlant de l'Espagne ou aux rigueurs du Nord; leur position les rendait moroses, chagrins, taciturnes; on ne pouvait plus s'avouer à soi-même des vœux secrets pour que l'empereur fût battu; quand ses défaites pouvaient coûter de si douloureux sacrifices.

Cependant le faubourg Saint-Germain n'était

pas tout-à-fait désert. Il y avait encore quelques maisons où se réunissait l'élite de la société, où les heures s'écoulaient rapidement entraînées par le charme d'une conversation intime. Là, l'élégance était dans les personnes et non dans la recherche des ajustemens; là, point de frais de parure, et, si l'on dansait, un seul violon suffisait; le plus souvent même l'orchestre se composait d'un piano où les mères se plaçaient pour faire danser leurs naïves jeunes filles; cela me rappelait l'époque de la minorité de Louis XIV, où l'on dansait aux chansons. Les grands parens se livraient à des jeux de commerce, sans dédaigner le loto-dauphin et même le fameux jeu de l'oie. C'était dans ces réunions sérieuses que l'on pouvait se faire une idée de cette politesse innée, sans laquelle il n'y a point de société possible, de ce ton parfait de conversation élégante, tour à tour grave et spirituelle, brisée, reprise, où chacun met du sien, où personne ne veut s'imposer aux autres ou professer à la manière des avocats. J'ai bien peur que le secret n'en soit à jamais perdu.

Les Vendéens, qui avaient tant souffert, intéressaient par le récit des combats de géans, livrés par eux sous le commandement de ces héros véritables, dont les actions rivalisèrent avec les exploits fabuleux des héros enfantés par le génie d'Homère et de l'Arioste. Les de Lescure, de Bonchamp, Cathelineau, d'Elbée, de Marigny, de Larochejacquelein, de Charette, Stofflet, d'Autichamp, de Sombreuil, de Beaumanoir, Beausoleil, Mercier, Cadoudal, de Puisaye, de Talmont, que sais-je? il en est mille encore que ma plume néglige et que la postérité saluera toujours avec une vénération croissante. De dignes prêtres racontaient les tourmens de la prison, de l'exil, de la déportation. Simples et modestes, comme on les écoutait, ces saints confesseurs, s'effaçant pour signaler le martyre de leurs frères égorgés aux Carmes, mitraillés à Lyon et à Toulon, noyés à Nantes, et les tribulations du souverain pontife! Oh! quelle attention on prêtait à ces narrations touchantes! Delille y joignait parfois le charme de ses vers; il récitait des fragmens de son poème *de la Pitié*, œuvre céleste inspirée par la religion du malheur, objet des critiques de la fausse philosophie, que des littérateurs sans ame ont poursuivi de leurs dédaigneux sarcasmes, mais qui charmera éternellement les ames pieuses, tendres et sensibles. *La Pitié* est le plus beau monument poétique de notre époque. C'est mieux qu'un beau livre, c'est une belle action. A l'époque où il parut, il y avait certes du courage et plus d'héroïsme qu'on ne pense à chanter publiquement les infortunes de la famille royale, à raconter le supplice d'un roi, d'une reine, d'une auguste princesse, à dévoiler le forfait de la mort du roi orphelin, à accuser publiquement de l'avoir empoisonné des personnages alors puisssans et redoutables.

Était-ce donc peu de chose d'oser louer l'émigration et la Vendée !

Ce courage, j'en conviens, n'est plus de mode depuis long-temps ; il s'est introduit un système de ménagemens qui permet de tout concilier ; on s'honore d'un peu de blâme auprès des uns, on cajole les autres pour en tirer profit. Tel n'était point l'abbé Delille. Sa magnanimité n'admettait point avec les puissances mondaines les accommodemens de Tartufe avec le Ciel, et, s'il accusait, il nommait. Considéré seulement comme œuvre poétique, le poème de *la Pitié* n'est sûrement pas le meilleur ouvrage de son auteur; mais il n'en est point, selon moi, qui le recommande aussi puissamment à la vénération de ses concitoyens.

Et puis, comme il disait ces vers! Avec quelle coquetterie naïve il les faisait valoir! Qu'il était vif, serré, chaud dans son débit! Comme il savait peindre, donner de la vie, non pas seulement à des mots, mais à sa pensée! Amoureux des descriptions, c'était peut-être un avantage qu'il se ménageait en composant ses vers, pour le moment où il devait les réciter lui-même. Il peignait alors; sa voix rendait sensibles à l'intelligence, et, pour ainsi dire, à la vue, les tableaux dont ses chants étaient ornés. C'était une bonne fortune qu'un billet d'invitation pour une soirée où devait venir l'abbé Delille. Le seul dédommagement possible à son absence était la présence de M. de Chateaubriand. Dans un petit cercle d'amis, il se refusait rarement à lire quelque chapitre de l'œuvre qui allait ajouter à sa gloire ; je n'oublierai jamais le jour où, pour la première fois, chez la fille de l'illustre Malesherbes, chez madame de Montboissier, M. de Chateaubriand lut sa tragédie biblique de *Moïse*.

Dans d'autres quartiers de la ville, on recherchait Chénier, Alexandre Duval, Saint-Victor, Millevoye. Le goût était alors à la littérature, non seulement au faubourg Saint-Germain, mais dans toutes les sociétés, même dans la banque où l'on se donnait volontiers l'air d'apprécier les beautés littéraires. Baour-Lormian, dont j'ai déjà parlé, n'était plus dans l'atmosphère des épigrammes de Lebrun ; on l'écoutait avec grand plaisir réciter un chant de sa nouvelle traduction de la *Jérusalem*, ou une de ses *Veillées poétiques*.

Ce ne sera point sans aucune précaution oratoire que je passerai des poètes dont je viens de parler à la *société intime* d'une dame qui ne joua pas un grand rôle, mais qui exerça une grande influence dans le monde élevé où elle a vécu. Je veux parler de la princesse de Vaudemont, belle-sœur du prince Lambesc, dernier grand écuyer de France, et, par sa naissance, le dernier rejeton des Montmorency de Flandre, c'est-à-dire, de la branche des Montmorency la plus probablement entée sur le grand connétable de Philippe-Auguste. Comme le bon roi Dagobert, madame de Vaudemont aimait les chiens, et, comme dit la chanson,

Elle avait avec eux de fréquens entretiens.

A Paris, elle demeurait rue Saint-Lazare, mais elle passait ordinairement l'été au château de Puteaux; là, sa meute privilégiée vivait dans les douceurs du luxe et l'agrément de toutes les délicatesses; qu'ils fussent originaires de Terre-Neuve ou des Pyrénées, carlins ou griffons, on leur servait *la pâtée* dans des jattes de vieux Japon; ils buvaient dans des coupes de cristal, objets précieux, ciselés à l'époque de la renaissance. La meilleure compagnie de Paris tenait à honneur d'être reçue chez madame de Vaudemont; mais toutefois la réunion était toujours un peu mêlée, attendu qu'il fallait se trouver en société avec ses singes, ses autruches et ses gazelles. Madame de Montesson aussi eut une espèce de cour, et elle mourut en regrettant plus sa société que la vie.

Madame de Genlis, fidèle au quartier de l'Arsenal, donnait des soirées charmantes où, sans hyperbole, on trouvait réunies les quatre parties du monde. Je me suis trouvé chez elle avec un gentilhomme irlandais, un prélat maronite, un descendant des Incas et le duc de Monteleone, héritier du nom immortel de Fernand-Cortès; sans compter, bien entendu, les Allemands, les Russes, les Suédois, les Danois, les Espagnols, les Italiens et les Portugais, qui y abondaient. Je crois qu'il y avait un Chinois, mais il y manquait un Turc.

Nous savons tous que madame du Deffant, aveugle, se plaisait à s'entourer de jolies femmes pour attirer chez elle, à son modeste couvent de Saint-Joseph, les hommes que retenait ensuite le charme de sa conversation. Madame de Genlis y voyait fort clair; mais son esprit lui disait sans doute de ne plus compter sur les yeux des autres, et c'est probablement pour cela qu'à l'exemple de l'illustre amie du président Hénault et d'Horace Walpole, elle attirait chez elle un essaim de femmes ravissantes.

On allait encore chez la duchesse de Luynes, quoique, depuis la mort de madame de Chevreuse, son hôtel eût perdu ce qui en faisait le principal attrait. Lady Clavering, la comtesse Potoska, la marquise de Soyecourt, la comtesse Barraguai-d'Hilliers, la marquise de Latour-Saint-Paulet qui, par manie, logeait dans un hôtel garni; madame de Mortemart, les duchesses de Montmorency et de Brissac, recevaient aussi chez elles.

A la place Royale, la marquise d'Esparbès, l'un des *deux chats* de madame de Pompadour, et qui, un instant, la remplaça auprès de Louis XV, régnait dans le Marais, à la place Royale; l'ancienne cour abondait chez elle; les évêques, les abbés en réputation ne manquaient point d'y aller. J'y ai rencontré l'ancien évêque d'Alais; M. de Mérinville, ancien évêque de Chambéry; l'ancien évêque de Chartres, M. de Lubersac; le cardinal Maury, avant son institution au siége archiépiscopal de Paris; l'abbé

Gros de Besplas, ancien aumônier du comte de Provence, et grand-vicaire de l'évêque de Beziers; l'abbé de Barruel, le grand dénonciateur des francs-maçons ; l'abbé Frayssinous, aujourd'hui évêque d'Hermopolis ; les deux abbés Clausel de Coussergues, également recommandables par leurs talens et leurs vertus.

Le comte d'Aboville, sénateur, et le comte de Canclaux, son collègue, ouvraient dans ce quartier leur maison à de nombreux amis et aux solliciteurs ; je n'oublierai pas la marquise de Barentin-Montchal, belle-sœur du garde-des-sceaux, chancelier honoraire de ce nom ; elle et son mari unissaient à une instruction profonde beaucoup d'esprit, d'urbanité et de bienveillance pour les étrangers. Leur fille, aussi belle qu'aimable et modeste, est aujourd'hui la marquise de La Morélie. Qu'elle reçoive ce souvenir d'un ami de ses illustres parens et qui fut l'admirateur de ses graces naissantes !

Dans le grand commerce, dans la haute banque, les réunions étaient nombreuses.

Mais l'illustration de ce monde-là, toujours

soumise aux caprices de la hausse et de la baisse, au jeu incertain des spéculations, s'évanouit avec sa fortune; on peut rehausser le nom d'une famille déchue, en rappelant qu'un de ses aïeux a été ministre, maréchal, général d'armée, enfin qu'il a servi la France. Mais que vaut un financier ruiné? Précisément ce qu'il valait avant d'être riche, par conséquent pas grand' chose, et l'histoire, dans ses accès d'indulgence, ne leur doit que l'oubli. Toutefois, en cela comme en toutes choses, il y a à faire d'honorables exceptions. Les noms des Perrégaulx, des Laffitte et des Davilliers, seront toujours cités avec une juste distinction. Sous l'empire, ils avaient leur monde aussi bien que les Ouvrard, les Wanlerberghe et les Gnébéneuc; on trouvait chez eux de fort honnêtes gens, parmi lesquels il y en avait bien quelques uns d'un peu faméliques. La littérature secondaire y essayait sa réputation et y dînait volontiers; on y accueillait fort bien les émigrés ruinés; ceux-ci y jouissaient même d'une considération qu'ils ont compromise après la restauration, quand ils se sont crus en droit de l'exiger. A mon sens, on fit justice. C'est d'ailleurs une chose assez digne de remarque que le titre d'émigré fut une recommandation tant que dura l'empire, et que, les Bourbons revenus, ce fut un titre de ridicule: A qui la faute?

Les diverses sociétés dont j'ai parlé jusqu'ici avaient chacune une sorte d'homogénéité. Distinctes les unes des autres, on eût pu y retrouver dans les mœurs, dans les manières, dans les habitudes, quelques erremens des mœurs d'autrefois, quoique les angles en fussent arrondis. Mais, en dehors de cela, il existait dans Paris quelques maisons où se réunissaient des sociétés que j'appellerai mixtes, pour en parler poliment. Là venaient assidûment des capitalistes douteux, des étrangers que de certaines affaires mal comprises dans leur pays engageaient à séjourner en France; et, au milieu de tout cela, des hommes de la meilleure compagnie, sûrs d'y rencontrer un monde au moins très-pittoresque, et à volonté des plaisirs faciles. On y jouait un jeu d'enfer, on y concluait des mariages sans publication de bans, sans prêtres, sans notaires, sans contrats et sans aucune garantie mutuelle de durée.

La principale maison de ce genre était tenue par madame la comtesse de Livry. La ferme des jeux en faisait tous les frais, et donnait en outre à la maîtresse du lieu une subvention mensuelle. Que d'illustres dupes s'y sont ruinées! L'inexpérience, séduite par la beauté d'un nom, se croyait admise dans une société distinguée; la vanité était de la partie; on exposait sur le détestable tapis vert des sommes énormes pour briller d'un sot éclat aux yeux de femmes qui n'en valaient pas la peine; du reste, ces maisons étaient fort amusantes pour les hommes expérimentés qui n'y voyaient qu'un lieu d'observation. Chez madame de Livry, la police autorisa des choses qui eurent cessé d'exister aussitôt que la connaissance en fut venue jusqu'à l'empereur. J'y ai vu donner des fêtes nocturnes où l'on put jouer masqué; les femmes s'y livrèrent, sous le masque, à un jeu effréné; un notaire et d'autres officiers publics y perdirent leur fortune en une nuit, et compromirent celle de leurs cliens. Des valets déguisés, des escrocs, des gens repris de justice, figurèrent dans ces fêtes, protégés par un déguisement.

Pour moi, voici par quelle aventure je payai mon droit de présence.

Je possédais une bonbonière en cristal de roche, à laquelle je tenais beaucoup, non à cause de son prix qui, avec les certissures en or, pouvait s'élever à une quinzaine de louis ; mais sur le couvercle était un médaillon contenant un chiffre fait avec des cheveux de mon père, victime malheureuse de la révolution.

Un joli petit masque, une *pierrette*, je crois, était venue roder autour de moi ; elle avait sans doute la main aussi leste que la langue, car je la trouvai très-aimable ; aussi je demeurai convaincu que ma bonbonière avait été conquise par cette drôlesse.... Elle me quitta....

Quatre minutes après, je m'aperçus de la perte que je venais de faire, et je me mis à la recherche de celle que j'en accusais ; mais ou elle était partie, ou elle avait changé de domino. Ainsi, adieu ma boîte.

J'étais réellement désolé de cette perte irréparable, lorsque, rencontrant madame de Livry causant avec un homme masqué, revêtu d'un costume très-bizarre, je l'aborde, lui conte mon infortune, lui dis la valeur nominale de la bonbonière, lui parle du chagrin que me fait éprouver la perte des cheveux de mon malheureux père. J'ajoutai que, si on vendait la boîte perdue, on aurait de la peine à en retirer trente francs : mais que je donnerais volontiers cent francs à celui qui me rapporterait ce bijou de famille, donné à un de mes aïeux par le grand Condé !

Madame de Livry, piquée de cet épisode de sa fête, commença par me dire que souvent on croyait avoir été volé d'un objet que l'on avait perdu ; qu'il était dans les choses possibles que j'eusse laissé tomber ma boîte, et que probablement elle avait été foulée aux pieds.

Je rentrai de très-mauvaise humeur, maudissant le caprice qui m'avait conduit dans ce tripot. Je dormis à peine, et le lendemain je me levai de bonne heure pour rédiger une note que je me disposais à porter moi-même aux *Petites-Affiches*, quand un de mes gens vint m'annoncer qu'un M. Fossard demandait à me parler. Ne connaissant ce Fossard ni d'Ève ni d'Adam, je donnai l'ordre de répondre que j'étais sorti; mais le visiteur ayant insisté je me déterminai à le faire entrer.

Me voilà en présence d'un homme paraissant avoir à peu près cinquante ans, mais encore vigoureux; ses traits communs annonçaient la constance ou l'opiniâtreté, la résignation ou la patience; son rire était sardonique, son regard vif, rapide, inquiet, et surtout scrutateur; je ne sais pourquoi je me mis à l'observer avec plus d'attention que je n'en mettais ordinairement avec ces gens qui viennent comme celui-ci dans les maisons, la plupart du temps pour demander un secours ou une aumône. Je fus particulièrement frappé de la forme de ses mains sèches, nerveuses et effilées. Enfin, il y avait dans l'ensemble de cet homme quelque chose d'extraordinaire et de repoussant, mais rien de méchant ni de féroce. Vêtu avec recherche, même avec élégance, il portait une canne à pomme d'or qui me parut être à épée. Mon domestique lui avance un siége, il refuse humblement de s'asseoir. Nous restons seuls. Alors l'inconnu, dont je ne perdais pas de vue le moindre mouvement, pose son chapeau sur le siége, et l'espèce de cliquetis qui s'y fait entendre redouble mon attention. Avec le plus grand sang-froid du monde, il en tire une paire de pistolets qu'il dépose à côté sur le même siége.

Qu'est-ce ceci? lui dis-je.—Rien, Monsieur, rien. — Et qui êtes-vous donc? — Monsieur, je me suis fait annoncer sous mon nom : je suis Fossard. — Veuillez m'excuser; mais votre nom..... — Il est cependant bien connu. Vous pourriez vous rappeler le fameux vol du garde-meubles; j'en suis l'auteur. — Quoi! vous êtes un voleur! — Je suis Fossard. Veuillez donc excuser les précautions que je prends. — Allons, que voulez-vous? mais je vous déclare que je ne me laisserai ni assassiner ni voler. — Je n'ai point, Monsieur, de pareilles intentions, me répondit-il sans se déconcerter; je n'attaque jamais les personnes avec lesquelles j'ai eu l'honneur de me trouver en société, et, hier encore, nous avons passé ensemble une soirée trop agréable pour......... — Moi! avec vous?

— Oui, Monsieur, j'ai eu cet honneur chez une de nos amies communes, madame de Livry. — Une de vos amies! m'écriai-je en souriant; madame de Livry vous connaît, comme je vous connais maintenant? — Pas tout-à-fait de même, Monsieur, ajouta-t-il en riant aussi avec une incroyable familiarité. — Je change de costume et même de figure. Hier, quand vous lui avez raconté votre mésaventure, j'étais ce *domino* qui causait avec elle. J'étais là pour surveiller mon monde; je fus touché de vos regrets, et je vous entendis faire l'offre généreuse de cent francs à la personne qui vous rapporterait votre boîte de cristal : la voici.

Il me la présenta en effet, et je me mis aussitôt en devoir de lui offrir cinq napoléons que je tirai de ma bourse.

C'était un singulier filou que Fossard Croira-t-on que je n'étais plus nullement pressé qu'il s'en allât, tant son aplomb me semblait incroyable. Sa conversation m'amusait. Mais voici qui me parut encore plus étonnant : quand il eut mes cinq napoléons en main, il tira de sa poche une bourse déjà fort ronde, dans laquelle je croyais bien qu'il allait les mettre; au lieu de cela, il en prend trois seulement, m'en rend deux et y ajoute deux écus de cinq francs. Ma stupéfaction était extrême : — Monsieur, me dit-il alors, je ne veux absolument rien pour moi; j'accepte seulement cinquante francs, parce que je suis dans l'obligation d'en déposer trente à la masse et d'en donner vingt à Clara.

— Clara! m'y voici! Je ne m'étais donc point trompé dans mes conjectures; Clara! c'est sans doute la Colombine de cette nuit?

— Précisément, M. le comte; c'est un sujet rare; jeune, jolie, spirituelle, et d'une adresse!...

Quand il eut terminé l'éloge de sa néophyte, que je n'interrompis point : — M. Fossard, lui dis-je, qui que vous soyez, je vous remercie de m'avoir restitué un objet qui est pour moi du plus grand prix; mais, ajoutai-je avec une hauteur que l'on ne trouvera sûrement pas déplacée, je n'entends point qu'il soit rien diminué sur la récompense que j'ai promise. Cet argent est à vous, et je vous prie instamment de le reprendre. — Désolé, M. le comte, de vous désobéir; mais ce serait un procédé indigne de moi, après l'honneur que j'ai eu de passer la soirée avec vous. — Je l'exige. — Soit donc..... Alors, il prit les cinquante francs dans sa main, replaça ses pistolets dans la forme de son chapeau et se leva pour mettre fin à cette bizarre visite. Ne voilà-t-il pas qu'en se retirant il déposa les maudits cinquante francs sur le coin d'une console et me dit révérencieusement. — Monsieur, je vous en supplie, ayez la bonté de les faire distribuer aux pauvres à mon intention. Je vous en aurai une obligation dont je vais tout de suite vous prouver ma reconnaissance. Sachez que votre portier est un des nôtres, et qu'en même temps il est attaché à la police. Ne lui dites rien, cela serait inutile; aujourd'hui même il recevra l'ordre de chercher une autre place.

Je reconduisis Fossard jusqu'à la porte de mon antichambre; dès qu'elle fut ouverte, prenant un ton tout-à-fait dégagé, il me dit en présence de mes gens : — A l'honneur de vous revoir; mes complimens, je vous prie, à madame de Livry, si vous la voyez avant moi.

Je demeurai tellement interloqué de cette incartade imprévue, que je ne trouvai pas un mot à lui répondre.

Ainsi donc, voilà à quoi on était exposé en fréquentant des maisons comme celle de madame de Livry, et ce n'était pas la seule de la même espèce qui existât dans Paris. Telle était devenue entre autres la maison de madame de Laferté; je dis devenue, car elle avait commencé sous de bons auspices. Les dames les plus comme il faut de Paris y vinrent d'abord et ne s'en exilèrent que peu à peu, et d'ailleurs on n'y joua jamais masqué.

La marquise de Laferté-Mun, comme tant d'autres, était sans fortune et aimait le monde. Elle avait marié sa fille au marquis de Rivière, cette touchante victime de la fidélité; son fils, le comte de Mun, était, comme moi, chambellan de l'empereur; mais il ne voyait point sa mère, du moins ostensiblement, et nous évitions d'en parler devant lui.

D'abord, comme je l'ai dit, la meilleure compagnie se réunit chez elle, tant qu'elle n'occupa qu'un modeste appartement à l'hôtel de Lillers, rue Grange-Batelière. J'y ai vu les deux filles du prince Joseph de Monaco, récemment mariées alors, l'une à René de La Tour-du-Pin; l'autre, au marquis de Louvois; la marquise d'Aramon, revenue depuis peu d'Angleterre où elle avait passé le temps de l'émigration; enfin les femmes les plus honnêtes et les plus aimables. Cela dura ainsi quelques années; on dansait, on faisait de la musique, le tout sans prétention; le corps diplomatique s'y trouva souvent au grand complet; on y joua petit jeu d'abord, ensuite plus gros jeu; enfin, la ferme des jeux, instruite de l'empressement des étrangers à se faire présenter chez elle, lui fit des propositions; elles furent acceptées. Jusque-là, M. de Castellane, qui ne marchait guère sans avoir un cornet et des dés dans sa poche, avait seul offert aux joueurs les chances du creps. Dès lors, il se vit supplanté par la banque officielle, et le trente-et-un s'installa dans le voisinage du creps. Pour cela, il fallut agrandir le local, et madame de Laferté prit tout le premier étage de l'hôtel. A dater de ce moment, quelques dames, notamment celles dont j'ai parlé, se retirèrent ; toutefois le passage de la bonne à la mauvaise compagnie n'eut rien de brusque ni de heurté. M. de Metternich, alors ambassadeur à Paris, encore très-jeune et fort agréable de sa personne, y venait assidûment ; l'exigu bailli de Ferrette n'en sortait point, non plus qu'un certain vieux chevalier de Reuil, qui faisait la plus drôle de grimace, et qui passait pour être doué de la plus rare obligeance quand il s'agissait d'aplanir les difficultés d'une entrevue. M. de Montrond y tenait le cornet avec un bonheur qui semblait défier la fortune, et il y vint encore quelques femmes recommandables ; mais quand madame de Laferté eut quitté la rue Grange-Batelière, c'est-à-dire, vers 1810, pour occuper un local encore beaucoup plus vaste, rue Saint-Honoré, sa maison ne fut plus qu'un tripot ; pas une femme honnête, je crois, n'y mit plus les pieds, et le chevalier de Reuil n'eut presque plus de difficultés à vaincre pour amener à bien ses négociations. Cependant les hommes de la meilleure compagnie et surtout les étrangers continuèrent à y affluer. Pour moi, après ce qui m'était arrivé au bal masqué de madame de Livry, je m'interdis à jamais l'entrée de ces sortes de lieux. C'était bien assez d'avoir eu l'honneur de faire la connaissance d'un M. Fossard.

A propos de cet homme, je dois dire qu'il ne m'avait point trompé à l'égard de mon portier. A la vérité, je n'avais rien à craindre au fond que mes démarches fussent épiées; dévoué de cœur et d'ame à l'empereur, quelle dénonciation aurait pu m'atteindre? Aucune, sans doute, mais la calomnie...! comme l'a si bien dit Beaumàrchais, il en reste toujours quelque chose. Moi-même, enfin, ne pouvais-je pas admettre trop légèrement une imputation calomnieuse, et cela, sur la parole d'un voleur qui se donnait comme tel. Au surplus, je sus bientôt à quoi m'en tenir. Deux heures après le départ de *mon ami le voleur,* mon portier vint tout dolent me demander une audience. Il me dit que, venant de recevoir la nouvelle que son père était dangereusement malade, il était dans la nécessité d'aller le rejoindre le jour même avec sa femme et ses enfans, et me proposa un de ses amis pour remplir provisoirement sa place. Je ne fis mine de rien, tout en refusant cependant le successeur, craignant qu'il n'y eût encore du Fossard là-dessous.

Les mots dont je me suis servi, *mon ami le voleur,* me rappellent une anecdote peu connue. Lafontaine, notre fabuliste, traversait en hiver, à cinq heures du soir, les Champs-Élysées; c'était un vrai coupe-gorge comme c'en est encore un aujourd'hui; il n'y a que l'heure de changée. Des brigands l'arrêtent et lui demandent, selon leur formule ordinaire, la bourse ou la vie. Lafontaine distrait leur remet un cahier de ses fables; ils lisent, ils le reconnaissent, et cette canaille, émue d'admiration, tombe à ses genoux. Le plus audacieux de la bande lui propose à souper chez le cabaretier voisin, et d'un ton à interdire tout refus.

Lafontaine accepte; on s'attable, on est gai, on lui demande des fables d'abord, des contes ensuite; il en récite, et enfin on se quitte avec promesse de se revoir, mais on a le soin de le reconduire à sa porte. Le lendemain, contant cette aventure à Boileau et à Molière, il leur disait :

—Pour être gens à pendre, ces drôles avaient du goût ; ils m'ont d'ailleurs traité délicatement ; ce sont de bons voleurs, j'y reviendrai, j'en ferai des amis : il est bon d'en avoir partout.

Peut-être dans le dernier volume de cet ouvrage, placerai-je une anecdote dramatique de la vie extraordinaire de Fossard [1]. En attendant je continue l'esquisse que j'ai entreprise d'une certaine société presque entièrement disséminée après la chute de l'empire. Les deux principales maisons dont j'ai parlé comptaient de dignes succursales, mais établies sur une moins grande échelle, quoique composées à peu près des mêmes élémens. On parlait moins de ces dernières, le cercle en était plus borné, et le scandale, si je puis ainsi dire, plus intime.

[1] Au vol de la collection des médailles d'or à la bibliothèque du roi, j'ai cru reconnaître sa froide intrépidité.

Une de ces maisons du second rang était celle d'une femme dont j'ai déjà eu occasion de parler, la vicomtesse de Fars Fausse Landry, puis venait celle de la générale G....., baronne de V..... La première, outre son salon ouvert, tenait une table d'hôte, où ne dînaient que les amis particuliers de la maison. Quelle table ! grand Dieu! le moindre des inconvéniens était que le dîner ne valût rien ; comme on s'y querellait! on s'y disputait jusqu'aux derniers argumens, c'est-à-dire jusqu'aux assiettes lancées à la tête des convives, mais cela se passait en famille; et il n'y paraissait point aux soirées officielles qui avaient lieu deux fois par semaine.

Quelles réunions ! quelle confusion alors ! là, on rencontrait de beaux noms, bien ou mal portés, d'honnêtes familles d'un rang intermédiaire; des joueurs, par conséquent des dupes, et des gens expérimentés dans l'art de corriger la fortune. On y voyait des ôtages de Louis XVI, groupés autour de la maîtresse de la maison; ces ôtages formaient une association d'origine très-respectable ; mais il s'était glissé dans leurs rangs, des gens que l'on ne saurait comment caractériser. Des femmes de qualité y venaient aussi, quelques unes signalées par trop d'aventures, d'autres attirées seulement par l'amour du jeu. Là, on voyait les anciennes marquises de Jaucourt et de Boulainvilliers, la comtesse de Jouffroy, née de Scépaux, madame de Cambise, mesdames de l'Hôpital, de Wenzel, la marquise de S....., de Birague, de Perrière, Rapally ou Rabally de Campestre, de Miromesnil, de Viennay, de Mussol, de Mérange, de Melville, toutes aimant le jeu. La plupart, vieilles ou tout au moins ayant passé l'âge de plaire, trouvaient un vif plaisir à la société; quelques unes encore gracieuses entraînant à leur suite de nombreux adorateurs.

On jouait, on dansait, on mangeait, on jouait la comédie, chez la vicomtesse; le ton n'y était pas précisément mauvais les petits jours et quand on s'y trouvait entre soi; mais lors des grandes réunions, lorsque *MM. de la Bouillotte* arrivaient, oh! alors, le cahos en personne entrait dans ces salons. Que d'aventures galantes y ont eu lieu! que de traits piquans dignes d'être insérés dans les fastes de Cythère sont demeurés gravés dans la mémoire des habitués! J'ose assurer qu'on aurait fait un livre très-piquant sous le titre d'annales galantes des salons et du boudoir de la vicomtesse de Fars; ce serait un ouvrage éminemment pittoresque.

Pendant la durée de l'empire, on ne cessa dans ce lieu de porter Napoléon aux nues; mais la restauration venue, l'empereur ne fut plus là qu'un tyran abominable, qu'un monstre féroce, et on y hurla le royalisme. Les bonnes mœurs n'y gagnèrent rien; la dégradation s'accrut, et ceux qui changèrent aussi vite eurent un titre de plus au mépris public.....

Madame la générale G....., baronne de V....., plus riche que l'expansive vicomtesse, n'a jamais été dépassée en méchanceté, vraiment infernale, que par la marquise de B.....; on frémissait rien qu'à l'entendre disséquer une réputation; aucune ne sortait intacte de ses mains : elle les flétrissait toutes, supposait les crimes, comme un autre, pour servir un ami, le parerait d'une qualité qui lui manque.

Fille de qualité, chanoinesse de je ne sais quel chapitre, elle fut l'une des maîtresses nombreuses du prince de M.....; elle épousa un général, bon homme qui ne vit rien de la conduite de sa femme; et, pendant le gros de la Terreur, Barras, Couthon, Saint-Just, la protégèrent. Le Directoire lui confia une mission secrète; elle dut tenir table ouverte, avoir sa maison garnie de femmes jolies, accortes et prévenantes, y attirer les ministres diplomatiques, les hommes de qualité dont la présence était tolérée à Paris, afin de les soumettre à l'observation des agens secrets de la police chargés de leur tirer les vers du nez.....

Napoléon ne voulut pas continuer ce genre de service; il cessa de payer. Madame de V....., *désappointée*, c'est le mot, passa dans les rangs ennemis, mais en secret, et continua ostensiblement à encenser le monarque; elle réunissait du monde au jour indiqué et ne craignait pas la dépense, sachant tirer parti de ses soirées en vendant de la main à la main aux ducs d'Otrante et de Rovigo des révélations qui compromettaient, soit des étrangers, soit des seigneurs de l'ancienne cour. A défaut de renseignemens vrais, elle en inventait; et, par ce moyen, obtenait quelques sacs de mille francs, à l'aide desquels elle ajoutait à son luxe.

Mais en voilà assez de ces maisons qui étaient alors fort nombreuses dans Paris; je me hâte d'en secouer l'odeur pour conduire le lecteur dans une réunion d'un tout autre genre, dans une société choisie, sans mélange, et qu'on ne saurait comparer d'aucune manière aux espèces de caravansérails que j'ai essayé de décrire. La réunion dont je parle maintenant était celle qui s'assemblait chez la comtesse de Beauharnais, tante de l'impératrice Joséphine. Là, on faisait à la lettre, de la nuit, le jour; sa maison n'était ouverte que de sept heures du soir, à cinq heures du matin.

Madame Fanny de Beauharnais, avait tout l'esprit et rien du pédantisme des femmes auteurs. Aimable, naïve et sentimentale, elle eut d'illustres amis à toutes les époques de sa vie. Jouissant dès avant la révolution d'une fortune considérable, elle lutta avec madame Geoffrin, la présidente Doublet, la marquise du Deffant, à qui réunirait meilleure et plus aimable compagnie; elle recevait chez elle Mably, Bitaubé, Buffon, Voltaire, d'Alembert, Diderot, Dussault, Lalande; on lui a donné pour amant Dorat, auquel, dit-on, elle prêta sa plume pour écrire les *Lettres de la marquise de Sénange*. Dans son intimité, elle compta tous les Rohan, le prince primat, le beau Fersen, comme nous l'appelions, plusieurs Polonais célèbres, tels que Kosiusko; les abbés Delille, Raynal et Barthélemi; M. de Cailhava, de Boissy, Delille de Sales, J.-J. Rousseau, qui lui adressa plusieurs lettres; Frédéric II, avec lequel elle fut aussi en correspondance; le vicomte de Bonald, le comte d'Escherny, le Baron de Humbolt, le comte de Rumfort, Herschell, Condorcet, Cabanis, Champfort, les deux Chénier, Louis Mercier, Rétif de la Bretonne, le prince de Masserano, le duc de Monteleone, l'abbé Denin; que sais-je encore?

La révolution ne la laissa point tranquille; elle fut emprisonnée avec sa nièce, la vicomtesse de Beauharnais, qui passa pour ainsi dire du cachot sur le trône. Dès lors, la position de tous les Beauharnais changea; la petite-fille de la comtesse Fanny devint grande-duchesse de Bade; son fils, sénateur, ambassadeur en Espagne, chevalier d'honneur de l'impératrice Marie-Louise, fut comblé de biens; sa fille, madame de Lavalette, eut sa part des faveurs impériales; la comtesse elle-même reçut une pension assez forte pour qu'elle pût reprendre son ancien état de maison; c'était la succursale de la cour. Là, abondaient tous les princes, les princesses, les étrangers de haut rang. La Russie, l'Allemagne, la Pologne, l'Italie, l'Espagne, le Portugal, y envoyèrent leurs princes, leurs palatins, leurs magnats, leurs landgraves, leurs signori, leurs *ricos-hombres;* il n'était pas un gentilhomme français qui ne cherchât à être présenté à la tante de Joséphine; tous les savans, les hommes de lettres, les artistes, affluaient dans ses salons où régnait une douce intimité, une urbanité sans morgue; chacun y faisait assaut de grace, de politesse, de galanterie; M. de Courchamp, de Lamotte, Armand de Rastignac, de Cubières, remplissaient auprès de la comtesse les fonctions de chambellans; les trois premiers, en hommes du grand monde; le dernier, avec sa folie accoutumée.

Le chevalier de Cubières, autrefois aimable et spirituel, était devenu criard, méchant, hargneux et insupportable; sa conduite, durant la révolution où l'on disait cependant qu'il avait sauvé la vie à la comtesse de Beauharnais, l'avait déshonoré; il ne s'était pas relevé du coup porté contre lui dans les pages virulentes de madame Roland. Au reste, je l'ai entendu faire l'éloge de Marat et de Robespierre. Sous l'empire même, il continuait le cours de ces abominables admirations; il faisait tache au milieu d'une société si bien choisie; plusieurs personnes s'en éloignèrent à cause de lui; la reconnaissance imposait à madame de Beauharnais, la nécessité pénible de le recevoir; d'ailleurs, M. de Cubières était malheureux, et cette considération, toute puissante sur elle, la détermina à le conserver dans son intimité jusqu'au moment où la mort vint la frapper, le deux juillet 1813; heureuse du moins d'en finir avec la vie, avant que le bonheur en eût fini avec sa maison.

CHAPITRE X.

Le mariage de l'empereur et la naissance du roi de Rome semblaient avoir établi la fortune de l'empire sur une base inébranlable; ce fut au moins l'opinion de tous ceux qui environnaient le trône. Qui aurait pu supposer alors que cet empire si formidable tomberait bientôt pour ne plus se relever?

De toutes parts l'on accourait à Paris pour se rallier autour du souverain qui faisait et défaisait les rois. L'Europe se taisait devant l'envahissement de la Hollande, l'occupation militaire de l'Espagne, la prise de Rome, la captivité du saint-père; une amitié fondée sur l'estime, sur une affection réciproque, paraissait unir le puissant empereur du Nord à celui de l'Ouest et du Midi. La Prusse morcelée, dépouillée, appauvrie, ne pouvait rien par elle-même; l'alliance de l'Autriche devenait de ce côté un gage de repos et de paix.

C'était donc là que se rallierait un nouvel ordre de choses. Le faubourg Saint-Germain s'était laissé largement entamer, il paraissait prêt à se soumettre en masse; les provinces, où les souvenirs ont tant d'influence, étaient réduites; les familles recommandables par leur richesse, leur rang, leur fortune, venaient demander du service, soit dans le palais, soit à l'armée, ou dans la magistrature, l'administration et les finances. Le triomphe de Napoléon était complet.

Quoique peu éloigné encore de la révolution, on l'oubliait. Les dénominations s'effaçaient devant celle de Français, que depuis on a tant tournée en ridicule, mais qui alors signifiait uniquement un homme déterminé à vivre sans trouble sous le sceptre de Napoléon; les révolutionnaires sollicitaient des titres. Les ducs de l'ancien régime estimaient autant une toque de comte que la couronne et le manteau d'autrefois. Les dignités donnaient une importance dont aujourd'hui l'on ne peut se faire une idée. Un sénateur était si haut placé, qu'à peine on osait le regarder en face; un conseiller d'État était un très-grand personnage; on l'environnait de respects et on portait aux princes grands dignitaires une vénération supérieure à celle que l'on avait eue autrefois pour nos anciens princes du sang.

La cour était redevenue supérieure à la ville qui n'osait même pas s'en montrer jalouse. La hiérarchie des rangs s'établissait sans opposition et était partout reconnue. Les simples chevaliers de la légion-d'honneur jouissaient d'une grande importance personnelle; dans les cérémonies publiques, une place d'honneur leur était réservée, et ils avaient droit de vote dans les colléges électoraux. La croix était l'objet des vœux de toutes les ambitions. Quiconque l'obtenait se sentait une certaine supériorité morale qu'il aurait craint de compromettre. Déjà la puissance paternelle reprenait sa souveraineté parmi les légionnaires; dans un repas de famille, l'homme décoré avait le haut bout de la table; et comme la considération que l'on accorde aux hommes est ce qui les oblige le plus à se considérer eux-mêmes, les membres de la légion-d'honneur montraient, en cette qualité, dans leurs mœurs, une régularité ou du moins une retenue qu'ils n'auraient pas eue pour eux-mêmes, et rarement parmi les légionnaires y eut-il des exemples de divorce. Le décoré n'était pas taré, les mœurs y gagnaient avec le repos des familles; déjà la puissance paternelle reconquérait son autorité et s'élevait souveraine; il y avait peu de débauche, presque pas de concubinage; les divorces étaient rares; enfin, Napoléon parvenait réellement à constituer la société.

Au milieu donc de cette prospérité générale et toujours ascendante, qui eût pu prévoir une prochaine conflagration? On était gai, heureux, on se livrait sans défiance de l'avenir aux sollicitations du plaisir; les théâtres regorgeaient de spectateurs. L'acteur Potier commençait à se créer cette réputation qui depuis est devenue si grande, mais qu'il eut de la peine à établir. Le fameux Aristarque du temps, ou plutôt le Zoïle de l'époque, s'il faut s'en rapporter au jugement de tant d'auteurs froissés dans leur amour-propre, Geoffroi enfin, ne devina pas, lors des débuts de Potier, cette réputation qui devait devenir si étendue; il est piquant de rappeler ce qu'il disait de Potier le 22 janvier 1810.

THÉATRE DES VARIÉTÉS. *Le Prétendu par hasard.*

« Il y a à ce théâtre un acteur qui prétend « aux honneurs de Brunet, et ce n'est point « *le Prétendu par hasard*.. Sa prétention paraît « le fruit d'une mûre réflexion. Cet acteur s'ap-

« pelle *Potier*. Il joue le premier rôle dans une « pièce intitulée : *le Prétendu par hasard*. La « pièce est une mauvaise imitation de l'excellent « roman de Gil Blas...... Ce rival de Brunet est « encore bien loin de son modèle. Il a du « talent, mais un genre de talent trop raison- « nable et qui ne le conduira peut-être jamais « à une aussi prodigieuse réputation que celle « de Brunet...... Je ne sais pourquoi le théâtre « qui possède ces deux niais sublimes s'appelle « le théâtre des Variétés.... »

Potier appela de cet arrêt; on sait où il est monté et de quelle réputation il a entouré son nom, contraignant l'illustre Brunet lui-même à devenir en quelque sorte son compère, dans les pièces où jouèrent tous les deux ensemble ces acteurs par qui l'on a tant ri à Paris pendant vingt ans.

La Comédie-Française voyait les débuts de mademoiselle Maillard, jeune merveille qui développa dans Sémiramis, Émélie, Alzire, Clytemnestre, Cléopâtre, Agrippine, un talent prodigieux; ce n'était ni la psalmodie traînante de mademoiselle Duchenois, ni la monotonie de mademoiselle Georges, actrice qui d'ailleurs est devenue si supérieure, à force de travail et de réflexion. Mademoiselle Maillard annonçait une habile actrice; elle aurait réalisé de telles promesses, si la vie ne lui eût pas manqué: elle expira à son aurore, ayant néanmoins jeté un vif éclat.

A cet époque, l'*Omasis* de Lormian obtint sur la scène française le succès que, plusieurs années auparavant, avaient obtenu l'*Agamemnon* de Lemercier et les *Templiers* de Raynouard; ces deux pièces ont certainement mérité les éloges qu'on leur prodigua. Elles étaient en possession des honneurs de la scène lorsque M. Delrieu fit représenter son *Artaxerce*, pièce imitée de Crébillon, de Métastase et de Lemière : elle réussit. Un grand intérêt de curiosité la soutint aux premières représentations; Saint-Prix y jouait admirablement bien le rôle d'Artaban. Depuis, l'opinion des connaisseurs l'a maintenue parmi les bons ouvrages dramatiques de l'ère impériale.

Omasis apparut avec encore plus d'éclat sur la scène française. Le succès qu'obtint l'auteur fut un véritable triomphe; depuis *Athalie* et *Esther*, aucun poète tragique n'avait osé demander à la Bible ses pompes sublimes, la naïveté de son langage et les miracles de sa poésie. On compara au style de Racine le style de Baour-Lormian, et l'on eut tort, parce qu'une pareille comparaison est nécessairement injurieuse; mais on eut encore plus de tort en reléguant Omasis parmi les idylles historiques, ainsi que l'on qualifia cette tragédie. Tout bien examiné, on jugea que les beautés de l'ouvrage l'emportaient de beaucoup sur ses défauts. Le public —car alors il y avait un public en dehors des ignobles cabales salariées — se rangea du côté des admirateurs contre les critiques, et chaque représentation d'Omasis fut accueillie par des applaudissemens nombreux et spontanés.

A l'occasion d'Omasis, je rapporterai une conversation qui eut lieu alors entre l'auteur et Napoléon. Je l'avais ouï raconter dans le temps, et j'avoue que je la croyais apocryphe; mais depuis, ayant eu occasion d'en parler à M. de Lormian lui-même, il m'a assuré qu'elle ne contenait rien qu'il pût désavouer. C'est donc fort de la garantie d'un homme d'honneur, heureusement encore plein de vie, que je la communique à mes lecteurs.

Napoléon, comme on le sait, aimait particulièrement les poésies d'Ossian; il voulut un jour en causer avec le traducteur du *Barde écossais*, et le fit inviter par le chambellan de service à venir un dimanche à l'audience du déjeuner.

Ce déjeuner était le meilleur moment pour les causeries; le comte de Beausset, que j'ai déjà mis à contribution pour certaines anecdotes et pour des détails concernant l'étiquette du palais, parle en ces termes des déjeuners de Napoléon.

« A neuf heures et demie, le déjeuner était servi; le préfet du palais de service allait prévenir l'empereur, le précédait dans le salon où il devait déjeuner, et assistait seul à ce repas avec le premier maître-d'hôtel qui remplissait les services de menus détails. Napoléon déjeunait sur un guéridon en bois d'acajou, recouvert d'une serviette; le préfet du palais se tenait debout, *son chapeau sous le bras*, auprès de cette petite table; sobre autant que jamais un homme ait pu l'être, souvent le déjeuner de Napoléon ne durait pas huit minutes...; mais, lorsqu'il éprouvait le besoin de *fermer son cabinet*, comme il le disait quelquefois en souriant, le déjeuner durait assez long-temps, et alors rien n'égalait la douce gaîté et le charme de la conversation; ses expressions étaient rapides, positives et pittoresques...; très-souvent je lui proposais de recevoir pendant son déjeuner quelques personnes auxquelles il avait accordé cette faveur; c'étaient en général des savans de premier ordre, tels que MM. Monge, Bertholet, Costas, Denon, Corvisart, David, Isabey, Gérard, Talma, Fontaine...; il ne buvait que du vin de Chambertin et le buvait rarement pur; le service, comme au dîner, était fait par les pages, les maîtres-d'hôtel, les écuyers tranchans, et jamais par la livrée. Le dîner durait ordinairement de quinze à vingt minutes; jamais Napoléon ne buvait ni vin de liqueur, ni liqueurs; il prenait habituellement deux tasses de café pur, l'une après son déjeuner, l'autre après son dîner: tout ce qu'on a dit de l'abus qu'il en faisait est faux et ridicule.

« Rentré dans le salon, un page présentait à l'empereur un plateau de vermeil sur lequel étaient une tasse et un sucrier; le chef d'office versait le café, l'impératrice prenait la tasse de l'empereur, j'attendais que l'impératrice eût versé le café dans sa soucoupe et l'eût présentée à Napoléon; il était arrivé si souvent à ce prince d'oublier de le prendre au moment convenable, que l'impératrice Joséphine, et après elle l'impératrice Marie-Louise, avaient imaginé ce galant moyen de remédier à ce petit inconvénient. Les mets les plus simples étaient de son goût: les haricots froids et à l'huile, les pommes de terre, le bœuf à la mode, etc., etc. MÉM. de Beausset, *tome* 1er. »

Ce fut donc à un de ces déjeuners que M. de

Lormian fut appelé; sans doute, ce jour-là, Napoléon *avait fermé son cabinet.*

L'homme de lettres arrive aux Tuileries au moment indiqué; M. de Rémusat le présente à sa majesté et le nomme. L'empereur parut avoir mal entendu; le préfet du palais répéta le nom.

—Excusez-moi, Monsieur, dit alors l'empereur au poète, Lormian, Ossian, ces noms se ressemblent comme les talens de ceux qui les portent. Eh bien! vous frappez à la porte de Boileau : vous voulez être placé auprès des satyriques?

Ceci s'appliquait aux *trois mots*, satyre de cet auteur, et à ses vers et épigrammes contre ses adversaires.

— Sire, répondit Lormian, je ne puis être ailleurs; un traducteur n'est qu'un valet de chambre élégant qui sait donner, quand il est habile, une nouvelle forme à l'habit de son maître.

— Quand on traduit comme vous le faites, on a droit à l'originalité, car on invente presque.

— J'en doute.

— Vous êtes modeste ; on dit pourtant le contraire : on prétend que votre opinion ne vous est pas défavorable

— Elle ne me le sera plus désormais, puisqu'elle pourra s'appuyer sur celle de Votre Majesté.

— Bon pour l'avenir, mais pour le passé?

— Mon Dieu! que puis-je répondre? j'ai la franchise de convenir avec le premier venu de ce que mes confrères n'avouent que dans leur intimité.

— A les entendre, vous vous rangériez au dessus d'eux.

— Hélas! Sire, la hauteur est médiocre ; les dépasser n'élève pas assez hau pour faire tourner la tête.

L'empereur rit, et, continuant : Vous êtes en guerre avec Escouchard Lebrun?

— D'autres et moi.

— Oui, c'est un méchant homme qui entonne une ode à notre louange, et qui ensuite rime contre son idole une épigramme qu'il appelle les *gloria patri*. Et avec Chénier?

— Celui-là est un adversaire honorable.

— C'est un entêté qui n'est plus de son siècle, qui veut marcher seul : il a tort, il faut craindre de te singulariser.

— C'est le type des esprits originaux.

— Soit; mais par cette route on ne va pas à la fortune.... Je lis souvent votre Ossian.

—Si vous ne m'aviez pas taxé d'orgueil, et si je ne craignais pas d'être accusé de flatterie, je me rappellerais qu'Alexandre lisait souvent l'Iliade.....

— M. Lormian, il ne suffit pas de lire pour lui ressembler.

— Il est heureux pour moi que mon admirateur soit un Alexandre.

— Ah! troubadour gascon, vous avez de l'esprit.

Il vint du monde et M. de Lormian partit. L'empereur continua à travailler. Omasis, comme je l'ai dit, parut avec un grand éclat; la seconde représentation eut lieu à Saint Cloud et y produisit une vive sensation; les larmes de Joséphine firent pleurer d'autres yeux; la pièce finie, Napoléon fit demander l'auteur : on le chercha inutilement dans la salle, il était à Paris.

Le lendemain, un aide-de-camp lui porta une lettre dans laquelle on le prévenait que, le jour suivant, il serait reçu à Saint-Cloud, à huit heures du matin. M. de Lormian s'y trouva avant l'heure indiquée; introduit auprès de l'empereur :

— Bonjour, M. le Barde, lui dit Napoléon, vous faites donc des ouvrages dramatiques? j'ai vu hier votre pièce, je vous ai fait appeler; enfin..... pourquoi n'étiez-vous pas à la représentation?

— Parce que je n'étais pas invité.

— On a eu tort, j'y veillerai; c'est bien le

moins que l'auteur assiste chez moi à la représentation de son œuvre..... J'ai vu votre tragédie...... qui n'en est pas une...... un amour inutile...... une conspiration ridicule, aucune connaissance des lieux..... Avez-vous été en Égypte?

— Non, Sire.

— Il y paraît; est-ce vous qui avez indiqué les costumes?

— Je me suis reposé de ce soin sur Talma.

— Talma s'est mépris; au lieu de colliers, de bracelets, de la robe égyptienne que lui-même devait porter, il a paru sur la scène habillé en Néron...; votre Ramsès est nul..., quand on conspire, même au théâtre, il faut réussir ou ne pas s'en mêler.....; le châle bleu de mademoiselle Mars lui va fort bien; puisqu'elle ne joue que dans la comédie, pourquoi lui avez-vous confié votre Benjamin?

— J'ai cru trouver dans elle seule les qualités que ce rôle exigeait.

— Vous avez bien fait.....; votre Siméon ne devait être qu'un chef du désert : vous en avez fait quelque chose d'amphibie......, il fallait le mettre en scène avec le frère qu'il a vendu...., cette situation manque à l'ouvrage; je sais qu'elle est difficile, mais cela vous regarde.....; votre Jacob est un *pleurard*...., et Joseph un faiseur de phrases.

Toutes ces choses heurtées, sans liaison, sans suite, et à la manière de l'empereur, commençaient à contrarier le pauvre auteur qui se demandait si on l'avait fait venir pour le mystifier. Napoléon, qui riait dans sa barbe du supplice de M. Lormian ont il connaissait l'amour-propre, le tourmenta encore de ses critiques exagérées... Tout à coup changeant de langage:

— Allons, M. le Barde, je vous ai assez lutiné; votre tragédie n'en est pas une, c'est incontestable; mais elle offre de très-grandes beautés; l'exposition, la scène de Benjamin, la fin du quatrième acte, et surtout le cinquième, sont admirables; le style est merveilleux, *c'est de la musique de Cimarola.* Voilà un beau coup d'essai; mais il faut continuer....... Êtes-vous riche?

— Non, Sire.

— Travaillez, j'aurai soin de vous; votre Ossian est admirable, je sais par cœur le chant d'Arthur. Cet ouvrage s'est bien vendu! Faites-en une édition de luxe, j'y contribuerai.

Napoléon se leva de table, car il déjeunait pendant cet entretien qui avait pour témoin le duc de Frioul et le comte de Luçay, préfet du Palais; il tira M. de Lormian à part et dans l'embrasure d'une fenêtre; il lui dit:

— Quand vous ferez une pièce nouvelle, venez me la lire, j'aime beaucoup la tragédie; je vous donne sur ma cassette une pension *provisoire* de deux mille écus; plus tard je ferai davantage, cela dépendra de vous.... Adieu, sans rancune.

Le lendemain de cette audience, M. de Lormian reçut de la part de l'empereur une tabatière d'or avec son chiffre, contenant huit mille francs en billets de banque. Au reste, l'auteur profita des conseils du monarque; il ajouta une scène entre Omasis et Siméon, qui est, sans contredit, sous le rapport dramatique, la plus forte de l'ouvrage.

L'empereur aimait la littérature et récompensait les gens de lettres avec une munificence vraiment souveraine. Il donna une pension pareille de six mille francs à Luce de Lancival, après la représentation de sa *Mort d'Hector*.

Le bruit courut alors que Napoléon n'était pas étranger à cette tragédie, qu'il l'avait même composée en prose, et remis le manuscrit à Luce, pour que celui-ci l'écrivît en vers pompeux, lui recommandant de s'appliquer surtout à conserver les formes grandioses du style d'Homère.

Ce bruit était bien évidemment sans fondement; mais il a été répandu par tant de bouches, répété par tant d'autres, que je ne pouvais le passer sous silence. A la cour, beaucoup de personnes y croyaient, et cependant une seule réflexion eût suffi pour démontrer que la chose était impossible. L'empereur n'aurait pu y travailler sans qu'on l'eût vu s'en occuper. Cependant, en historien fidèle, je rapporterai une circonstance sur laquelle ont pu s'appuyer ceux qui voulaient que Napoléon fût, au moins en partie, auteur de *la Mort d'Hector.*

Sous le consulat, Napoléon étant à la Malmaison, causant avec Arnaud, sur ce ton de familiarité qu'il dut réformer par la suite à cause de ceux qui en abusaient, plaisantait assez vivement l'auteur de *Marius à Minturne.* Celui-ci, un peu piqué sans doute, répondit au premier consul : « Chacun prête au blâme de la critique ; ayons nos coudées franches ; si nous ne sommes pas tous princes, au moins sommes-nous tous plus ou moins auteurs ? Qui n'a fait dans sa vie un madrigal ou une tragédie ? Je ne vous excepte même pas, général. »

Napoléon se mordit les lèvres d'assez mauvaise humeur, croyant voir dans le propos d'Arnaud une allusion à son fameux *souper d'Avignon*, ouvrage dont il eût voulu étouffer le souvenir à cause des propositions révolutionnaires qu'il contient. Ce qu'il y a de certain, c'est que le premier consul changea brusquement la conversation et se mit à raconter quelques particularités de ses campagnes d'Italie.

Là-dessus, on a pu croire qu'Arnaud, lié avec le général Bonaparte, antérieurement à ses grandeurs, avait eu connaissance de ce travail de sa jeunesse, et qu'il voulût le lui rappeler. Arnaud n'a jamais, que je sache, donné l'explication de cette énigme à personne; mais on savait, et il ne le niait pas, que le général Bonaparte, longtemps avant le consulat, lui avait donné, à lui, Arnaud, d'excellens conseils pour sa tragédie de *Blanche et Moncassin*, et que même il lui dut l'idée du meilleur des deux dénoûmens qui ont tour à tour terminé cette œuvre. On prétendait encore, comme preuve de la *paternité* de Napoléon à l'égard de *la Mort d'Hector*, que sa majesté, après la première représentation, avait dit à Luce : « Allons, bon courage, *nous* avons du « succès, continuons. » Au surplus, cette tournure de phrase ne serait pas une preuve suffisante ; on dit souvent *nous* pour vous.

A cette occasion, je me rappelle qu'un savant

professeur de l'école Polytechnique avait adopté cette formule; et quand un élève avait manqué au cours, il lui disait le lendemain : « Eh bien, « M. un tel, *nous* ne sommes donc pas venu « hier? » Un de ces élèves, ainsi réprimandé, lui répondit un jour : « Comment! ni vous « non plus! » à la grande joie de tous ses camarades.

Eh, qu'importe, après tout, que Napoléon ait été ou non l'auteur d'un canevas de tragédie! Mon intention était surtout de rappeler avec quelle grandeur généreuse il récompensait tout ce qui lui paraissait capable d'honorer son règne. La liste de ses dons serait une chose surprenante, sans compter les moyens indirects qu'il employait pour venir au secours des industries en souffrance. Qu'il me soit permis d'en citer un seul exemple.

A une certaine époque, heureusement loin de nous, où c'était une espèce de mode furieuse de dénigrer Napoléon, ne l'a-t-on pas désigné comme un ennemi des lumières; n'a-t-on pas prétendu que, sous son règne, le commerce de la librairie avait horriblement souffert; que ce commerce, dont le grand but est la propagation des idées, lui était antipathique, et qu'il aurait voulu pouvoir l'étouffer? On a fait grand bruit de deux ou trois millions *prêtés* à une époque plus récente aux libraires de Paris; Napoléon n'a rien *prêté;* mais, dans les six dernières années de son règne, il a *donné* à la librairie plus de *dix-huit millions*. Je reste volontairement au dessous du chiffre exact, pour que, effrayé de son énormité, on ne m'accuse pas de l'exagérer. Et encore, de quelle manière s'y prenait l'empereur pour aider ainsi cette industrie dont on veut qu'il ait été l'ennemi! il faisait écouler ses produits frappés de stérilité; il ne permettait pas qu'ils fussent replacés dans le commerce pour y exercer la ruineuse influence des ventes au rabais; il faisait détruire les livres achetés. Chaque fois que, durant la mise en vigueur du système continental, l'empereur accordait une licence, c'était sous la condition expresse que la cargaison, à sa sortie des ports français, contiendrait des livres imprimés à Paris ou en France pour une valeur nominale qui variait de trente à soixante mille francs; et ensuite ces livres, à une hauteur déterminée, devaient être jetés à la mer.

Ce fait doit être connu d'un libraire qui, je crois, vit encore, d'un petit monsieur Bossange, qui, plus d'une fois, à ma connaissance, fut choisi par Napoléon pour lui servir d'intermédiaire dans l'exécution de ses ordres, relativement à la librairie. Il peut juger si, dans ce que je viens de dire, j'ai commis la moindre exagération.

Parmi les auteurs que Napoléon favorisa de ses justes largesses, je puis citer un homme de bien, d'un grand sens, et qui sortit tout à coup de la complète obscurité où il avait vécu. Cet homme était M. Le Hoc, qui fit représenter aux Français une tragédie de *Pyrrhus*. Un autre auteur, M. de Selve, fut moins heureux devant le public que M. Le Hoc; Pyrrhus avait complètement réussi, tandis que la *Valérie* de M. de Selve éprouva un tel échec, que la représentation n'en fut pas achevée. Cela n'empêcha pas l'empereur d'envoyer le lendemain à l'auteur une somme de douze cents francs, à titre d'encouragement. Peut-être eût-il été plus exact de dire à titre de dédommagement. L'empereur avait cru que l'auteur était un jeune homme; mais il s'était trompé : M. de Selve était un petit vieillard très-gracieux, fort galant, mais incapable de conduire à bien une œuvre dramatique.

Ce n'était pas seulement par des dons que l'empereur encourageait les lettres; il les honorait dans la personne de leurs plus honorables représentans. Pour s'en convaincre, il suffit de se rappeler ce qui se passa à l'époque de la mort de Delille, et cependant jamais la muse de Delille n'avait fléchi devant la toute puissance impériale. L'auteur du poème de *la Pitié* n'avait même pas dissimulé sa haine pour l'empereur. Quelque temps avant de mourir, sentant sa fin approcher, Delille avait témoigné le désir d'habiter l'ancien théâtre de sa gloire, l'appartement qu'il avait occupé au collége de France. Il y fut transporté, et ce fut là qu'il rendit le dernier soupir. Ses amis nombreux, ses admirateurs innombrables, les élèves de ses cours, tous ceux auxquels les belles-lettres étaient chères, résolurent de lui rendre les honneurs funèbres avec une pompe triomphale ; on exposa son corps au collége de France dans une chapelle ardente, sur un lit de parade et on le transporta au père La Chaise, suivi d'un cortége royal. Cette magnifique manifestation du deuil de la littérature n'éprouva point d'obstacle ; le *tyran* n'y vit point une injure faite à sa puissance, et jamais, pendant tout le cours du règne de Napoléon, ni Fouché, ni le duc de Rovigo ne firent intervenir la police au convoi des illustres morts; tout Paris put les accompagner à la dernière demeure sans qu'on criât au scandale, à l'émeute ou à la sédition.

M. de Chateaubriand même ne fut persécuté que lorsqu'il prétendit l'être ; on le récompensa toutes les fois qu'il le voulut. La magnanimité, quoi qu'on ait pu dire, était plus qu'une vertu chez l'empereur : c'était un instinct. Pour qu'il se soit porté envers madame de Staël à des rigueurs que l'on trouva excessives, il a fallu qu'elle l'ait poussé à bout.

Et d'ailleurs, quel a été après tout l'excès de ces prétendues rigueurs ; la seule défense de venir à Paris : exil adouci par mille faveurs, car jamais elle n'a été ni emprisonnée, ni rançonnée ; ses biens ont été respectés ; elle en a eu la libre administration, elle a pu parcourir l'Europe dans tous les sens. On a donné trop de retentissement aux lamentations de cette femme dont on ne conteste pas le génie, mais dont on peut mettre en doute le caractère et la régularité des mœurs ; et d'ailleurs ne doit-on ni égards ni ménagemens à ceux qui sont chargés de la direction de l'opinion publique ?

Parmi les personnes qui appartiennent à la même catégorie que madame de Staël, il est un homme que je devrais nommer peut-être à cause de ses viremens d'opinion, de ses changemens de visage. Napoléon était son bienfaiteur, il paya ses bienfaits par des outrages, cependant je tairai son nom par égard pour sa vénérable famille.

Cet homme, l'un des quarante de l'académie française, riche, considéré, arriva chez moi un matin ; je le voyais dans des maisons tierces; nous étions bien ensemble, mais sans qu'il existât entre nous aucune intimité. Je fus en même temps surpris et satisfait de sa visite.

— Monsieur, me dit-il, je suis au désespoir ; vos qualités, le bien que les d'Hervilly, les Canclaux, les Pontécoulant, disent de vous, m'ont engagé à vous choisir pour mon confident; ma position vous semble belle, vous l'enviez peut-être? Hé bien! si vous ne me secondez, demain je suis perdu.

— Vous! m'écriai-je, vous!

— Je suis perdu, faut-il que je le répète; une seule ressource me reste, une seule, c'est d'implorer les bontés de l'empereur. C'est de lui demander qu'il me sauve.... Il y a deux ans, qu'il ne s'y serait pas refusé..... Aujourd'hui, j'ai des ennemis...... il est trompé, il n'a plus confiance en ma parole....... S'il me repousse, je mourrai.

Confondu de ce que je venais d'entendre, ne comprenant rien à une situation si tranchée, brillante au dehors, sombre au dedans, je ne savais que dire, que faire; mon anxiété troubla celui qui la provoquait; il pâlit, rougit tour à tour, et, reprenant la parole : —Vous savez sur quel point on m'a calomnié ?

— Je l'ignore, je cherche les moyens de vous obliger; si l'empereur me questionne, que lui dirai-je, si je ne sais rien ?

— Parlez des sommes que le jeu peut ravir, de celles que la loterie enlève, d'un.... vol... d'intérieur.... de signatures... surprises... j'avouerai tout, voici ma demande, et maintenant il me reste à me prosterner devant vous pour que vous ne perdiez pas de temps.

Il me pressa, me supplia d'être prompt; il aurait voulu que le même soir je fusse aux Tuileries; c'était impossible; je m'engageai pour le lendemain, jour où par aventure mon service commençait de nouveau. La personne dont je parle me quitta dans un état impossible à décrire, me laissant très - intrigué et ne comprenant pas trop ce que son argent était devenu.

La fortune me servit; l'empereur, ayant passé

la nuit au travail, n'était pas couché à sept heures du matin; il ne voulut pas se mettre au lit; il se jeta tout habillé sur une ottomane, dormit environ deux heures; puis, sachant que je demandais audience, me fit appeler; je l'abordai fort ému; il me questionna: je répondis.... Au nom du *monsieur* prononcé, il fronça le sourcil.

— Êtes-vous lié avec cet homme ?

— Oui et non, sire; je le vois beaucoup dans le monde; son gendre est un homme fort agréable et jouissant d'une bonne renommée.

— Que Dieu vous préserve d'entrer en contact avec lui; et comment s'est-il ruiné?

— Il accuse le jeu, la loterie, des signatures de confiance....

— Il vous a menti, il est coupable; justice en sera faite.

— Sire, dis-je, que deviendront les siens?

— Je les plains.

— Sauvez-les.

— Tenez, Monsieur, me répondit l'empereur en prenant un papier qu'il tira d'un carton, voici la lettre que cet homme, en 1799, écrivait au Directoire contre moi.

Alors, invoquant un souvenir de l'histoire de France:

— Sire, dis-je, Louis XII, monté sur le trône, oublia les injures faites au duc d'Orléans......

— Comte, envoyez-le-moi : il vous devra beaucoup...... Ne vous flattez pas qu'il en garde de la reconnaissance, et malheur à vous si votre perte peut lui être utile !

Charmé du succès, je ne fis pas attention à ces dernières paroles; j'écrivis un mot à la personne intéressée : elle accourut aux Tuileries. L'audience fut longue et orageuse, M. *** en sortit radieux. J'espérais le voir : il oublia de passer chez moi. Huit jours après, il y laissa sa carte, et tout fut dit...... Non pas, s'il vous plaît...... En 1815, je fus mis à l'écart, et ce personnage reprit sa faveur ; un de mes proches parens possédait une place lucrative : il me désigna ceux qui pourraient la lui conserver; dans le nombre était celui-là.

Surmontant de justes répugnances, j'allai chez ce monsieur; il me reçut avec une cordialité parfaite, comme si nous nous fussions vus de la veille, surtout comme s'il n'eût pas été ingrat; il m'écouta avec intérêt, prit des notes, s'étonna des avantages de la place, se montra heureux de pouvoir, à ma considération, obliger mon parent; il me recommanda surtout de ne faire aucune autre démarche, voulant avoir seul le droit et le bonheur de me servir.

Je n'ai jamais douté de la parole d'un homme, dans la crainte d'offenser sa délicatesse; dans cette circonstance, je me conformai à ma règle. Un mois après, mon parent fut destitué, et son protecteur le remplaça...... Telle est l'histoire. L'empereur connaissait cet homme mieux que moi.

Napoléon avait une profonde aversion pour les fripons, les accapareurs, les fauteurs d'agiotage; *les mangeurs de cœur*, les *beaux-fils*, lui étaient aussi insupportables; il les pourchassait dans sa cour avec une vivacité excessive; il ne les laissait pas respirer. Il chassa de Paris M. de F.... qu'il obligea d'aller à l'armée; M. de C..... fut envoyé au fond de la Russie où malheureusement il trouva la mort. Le baron D.... partit malgré lui pour la Calabre. B....., *l'enfant chéri des dames*, resta en Espagne depuis 1809 jusqu'en 1814.

Le général Fournier a prétendu que l'empereur punissait en lui le militaire indépendant, l'ancien partisan de Moreau : il n'en était rien; je me souviens qu'à la Malmaison, il dit devant tout le monde à l'impératrice:

— Savez-vous les prétentions du *musqué Sarlovèse;* il se donne les airs d'un martyr de Moreau, lorsque je ne punis en lui que le querelleur, le batailleur, le trouble-ménage, le dissipateur. L'homme qui mène une mauvaise conduite n'a pas droit à mon estime. Qu'est-ce que c'est que ces présomptueux qui, après avoir déshonoré une famille, viennent, l'épée ou le pistolet au poing, égorger le père, le mari, le frère qu'ils ont offensés; la société devrait les marquer du sceau de l'infamie, les déclarer indignes; mais non, on me laisse tout faire, je joue au tyran, au persécuteur de *la valeur brillante*, tandis que je suis le soutien de la morale, de la famille et des bonnes mœurs.

Ce général, à la vie avantageuse, éprouva à cette époque un désagrément qu'il méritait bien. Il y avait dans la ville où il se trouvait une jolie femme très-coquette, ayant des parens réservés, sages, vertueux, qui ne recevaient pas les passe-volans, et qui, sur la réputation connue de Sarlovèse, se sentirent moins que jamais portés à rompre pour lui leurs habitudes.

Il se présenta : la porte lui fut fermée. Il voulut être introduit par le ministère du préfet qui se chargea, quoique avec regret, de la commission. M. de P.... répondit que les militaires ne faisant que de courts séjours, leur connaissance ne pouvait que laisser des regrets si elle était agréable, et que déplaire s'ils se rendaient importuns par de mauvais procédés; que, dans l'un ou l'autre cas, il valait beaucoup mieux s'abstenir de les recevoir.

Sarlovèse ne quitte point la partie; il gagne

un domestique, entre dans la maison, et cherche à parler à la jeune dame dont le mari est absent; il y parvient, il fait l'homme passionné, amoureux, demande du retour : on le refuse........ Au moins, dit-il, un rendez-vous nocturne?.... il n'est pas mieux écouté.

Piqué au vif, il revient à la charge, prie, supplie, importune; enfin la jeune dame consent. On convient qu'il sera introduit pendant la nuit, et qu'il pourra librement parler. Tout se passe selon son désir. Le soir même, il donnait à souper à plusieurs de ses officiers; au milieu de l'orgie, il leur apprend le bonheur dont il va jouir; et, pour mystifier, dit-il, des parens ridicules, il convie ces messieurs à venir l'attendre à la sortie de la maison avec son cheval et la musique du régiment. Cette folie très-condamnable plaît à cette jeunesse désordonnée; deux ou trois cependant le blâment et se retirent; on les qualifie de tartufes, de jésuites, et on se promet beaucoup de joie du désespoir des parens, de la honte du mari, et de la confusion de la jeune femme.

L'heure sonne, Fournier part; une petite porte ouverte lui livre le passage et il se trouve dans une complète obscurité. Cela ne l'effraie point. Il y a un escalier à monter, à traverser une galerie, à l'extrémité de laquelle est la chambre de la jeune femme. Il monte les degrés et marche toujours en avant sans voir la moindre lumière. Tout à coup le sol manque sous ses pieds, il trébuche dans le vide.... cherche à s'accrocher, ne rencontre aucun appui, il fait la culbute et tombe.... non à terre, mais dans un filet de fil de laiton souple et fort.

Il a perdu l'usage de ses sens; on en profite, on le lie, on le baillonne, et le père, voyant la rue se remplir de musiciens et d'officiers va au plus apparent de la troupe, lui dit qu'un voleur introduit chez lui a été pris au piége et invite l'officier à seconder le zèle de la gendarmerie qu'on a envoyé chercher.

Ce fut un rude crève-cœur pour ces étourdis qu'un pareil dénoûment; on parlementa pour obtenir que l'on ne fît pas d'éclat; enfin le père permit que Fournier Sarlovèse fût emporté, lié et enveloppé dans un manteau. Les rieurs avaient changé de bord; Fournier, enragé, moulu, meurtri, aurait voulu tout exterminer; le préfet, qui vint le voir, lui montra la nécessité de la prudence.

Huit jours après, le père de la jeune dame fait savoir au colonel — c'était alors le grade de Sarlovèse — qu'il désire le voir l'épée à la main, malgré la disproportion d'âge; il n'y avait aucune vraie noblesse dans Fournier : il accepte, ne songe qu'à se venger d'une mystification bien méritée et vient sur le terrain.... Il y trouve son maître : le vieillard en deux temps fait voler son épée; il la lui rend, le combat continue; alors l'arme de Sarlovèse est brisée dans sa main, et le vieillard lui tourne le dos. La confusion de Fournier fut inimaginable; il se renferma chez lui, et ne reparut plus dans la société jusqu'au moment où, à force de sollicitations, il put quitter la ville fatale où son astre s'était éclipsé.

Il a toujours joui de peu d'estime; il le savait, et cette conviction aigrissait son caractère;

il se rendait terrible, ne pouvant être considéré; presque certain de tuer un adversaire, soit à l'épée, soit au pistolet, il se montrait arrogant, querelleur; sa figure était celle d'un *faraud* de la halle; et, malgré le luxe de sa parure, tout en lui décélait l'homme du commun. Il se posait toujours sur la hanche, les mains appuyées en avant, la tête renversée, ayant l'air de dire : *N'est-ce pas que je suis bien beau et bien brave.* A la cour on ne pouvait le souffrir; il n'y a jamais paru qu'avec le *commun des martyrs*, le dimanche à l'audience publique; jamais ni l'empereur ni aucune des deux impératrices ne lui firent la faveur d'une invitation particulière.

Ce genre militaire, grossier et petit-maître tout à la fois, était partout de mauvaise mise et avait de graves inconvéniens. Il en résultait dans les villes de garnison, une prévention qui retombait sur ceux mêmes qui ne la méritaient pas; aussi étaient-ils presque partout exclus des sociétés particulières. En général, les officiers étaient trop sans cérémonie;

ils apportaient dans les salons le laisser-aller du camp; on estimait dans la plupart d'entr'eux, un caractère franc et ouvert; mais, comme je le disais tout à l'heure, on n'en recevait aucun pour ne pas être obligé de les recevoir tous. Cependant peu à peu, ils s'introduisirent dans les familles les uns les autres, et il ne pouvait en être autrement. En effet, sous l'empire, l'état militaire absorbait tous les autres états; c'était comme un laminoir où devait passer la population entière, à l'exception des infirmes et des estropiés. Vers 1812, on comptait bien peu de familles en France, qui n'eussent leur représentant à l'armée; alors l'armée s'identifia avec la nation, et l'on peut dire qu'à cette époque, le personnel des officiers d'un grade inférieur était presque entièrement composé de jeunes gens d'élite et ayant reçu une bonne éducation; mais il avait fallu du temps pour arriver là. Alors les corps d'officiers exercèrent sur eux-mêmes une sorte de contrôle d'amour-propre, la garantie de tous, et la cause de l'émulation de chacun. On n'eût pas voulu compromettre ses camarades.

Dans une ville de province dont la population s'élevait à plus de quarante mille habitans, on ne compta, pendant toute la durée de l'empire, qu'un seul officier mal élevé. Cette omnipotence militaire commençait dès le collége; on y apprenait à manier le fusil; on s'honorait d'y porter l'uniforme. Au théâtre, tous les jeunes premiers étaient des militaires, des lieutenans, des capitaines et des colonels de cavalerie. Quant à l'infanterie, elle ne jouit point des honneurs de la scène, à cause de l'exiguité de son costume.

Elléviou, ce ravissant acteur, portait à merveille le frac à aiguillettes, le dolman, la veste à fourrure, la pelisse, la chabraque, le bonnet polonais, le colbach de petite tenue, le schako de grand uniforme, et le sabre. Sous ces habits et avec cet attirail, il s'était si bien fait militaire, qu'il paraissait décontenancé et hors de sa sphère lorsqu'un rôle exigeait l'habit bourgeois, lequel était exclus de la plupart des théâtres.

FIN DU TROISIÈME VOLUME.

www.ingramcontent.com/pod-product-compliance
Ingram Content Group UK Ltd.
Pitfield, Milton Keynes, MK11 3LW, UK
UKHW020058200726
13856UKWH00002B/275

9 782011 876096